U0934452

THE LATEST LITERARY CRITICISM BY WANG GAN 王干最新文论选

目录

观潮

论人

读典

THE LATEST LITERARY CRITICISM BY WANG GAN ☰ 观潮

在废墟上矗立的诗歌纪念碑

——论“5·12”地震诗潮

1. 这一刻，诗人被震醒

公元2008年5月12日下午14时28分，历史记住了这一刻，中国四川汶川发生了特大地震。数以万计无辜的人被夺取了生命，几十万人遭遇了伤残，几百万人流离失所，到处是瓦砾，到处是呼救。“汶川啊，汶川/此刻你让整个共和国寝食难安”（高洪波《致汶川》）；“冰冷的数字一直在涨潮，每一张报纸的头条都是黑色的”(南蛮玉《哀歌》)；这是死亡的数字和死亡的黑暗，“如今却只剩下发白的太阳在头上——山河破碎，亲人离散；五月，没有温暖的房子/只为悼念而存在”（苏浅《亲爱的家园》）；“夜晚，中国失眠了/灾难敲击着中国的土地”（《手颂》）。

中国被震醒了，世界被震醒了，一场拯救人民的战役迅速打响，一场与灾难争夺生命的特殊战争以一种特殊的方式展开。“共和国一声呼唤/神州大地顿时/涌起一片真情的大海”(徐明德《生命的色彩》)，“每个人都成了红十字会，捐献着爱与安慰，祈祷着平安”（潘维《为汶川地震写下的》）。“我们的心朝向汶川，我们的双手朝向汶川，我们阳光般的心朝向汶川，我们旗帜般的双手朝向汶川，我们13亿双手向汶川去！”（邹静之《我们的心——献给汶川的血肉同胞》）中国政府和中国人民展开了空前绝后的大抢救，谱写了一曲曲动人心魄的悲歌。

诗人被震醒了，沉寂多年的诗歌突然爆发了。没有人号召，没有人倡议，没有人串联，一夜之间，我们读到了那些感人肺腑的诗歌，我们读到了那些久违的情深意长的好诗。中国大地汹涌着诗歌的浪潮，新浪、搜狐、网易等各大网站的博客上出现了大量的以汶川地震为主题的诗歌，其他的文学网站、诗歌网站也贴满了哀悼的悲怆的诗歌，甚至在一些博客的留言版上也贴满了诗歌。昨天，5月19日那一天，内地一个网站的聊天室，全国各地网民上传和转贴的诗歌和评论就超过了1万5千篇。人们用传统的方式来表达自己的震惊，对生命逝去的痛惜，对父母、老师、救援者以及其他拯救生命的人的赞美。很多地方的广播电台，也在朗诵带着泪水的诗歌。传统的媒体也不甘落后，一些很多年没有发表诗歌的报纸上，也拿出一定的篇幅来发表诗歌；一些诗歌团体和诗歌刊物还组织了诗歌朗诵会和诗歌征文；《诗刊》、中国诗歌学会、《星星》、《扬子江诗刊》等在全国范围内出版诗歌专辑和诗集。在一些民间组织的哀悼活动中，烛光和诗歌一起痛悼大地震中的遇难者。在《爱的奉献》的晚会现场，众多的明星一起朗诵诗歌。

一首《孩子快抓紧妈妈的手》在网上一出现，便被广为传诵。这首写给汶川大地震中死难孩子和母亲的诗歌，在央视、东方卫视、湖南卫视等多家电视台赈灾节目中朗诵，被《南方日报》等全国近百家报纸刊登，甚至法国的一家报纸也用整版刊登了这首诗歌。人们听到和看到这首诗后最多的反应就是“我哭了”。上海一企业家陈某读了此诗后，再次向灾区捐出了600万元，捐款总额达到1000万元；法国巴黎埃菲尔铁塔下，在千余名旅法华人为遇难同胞举行的烛光祈福会上，当一名女子读到这首英文版的诗歌时，在场的人都忍不住流下了悲痛的泪水。

老诗人重新燃起了热情，屠岸、韩静霆、孙绍振、金波、赵恺、孙友田等写出了新作；高洪波、李小雨、梁平、王久辛、陆健、大卫、柯平、子川等中年诗人也诗如潮涌；年轻诗人伊沙、大仙、叶舟、陈朝华、赵丽华、俞强等更是写了一首又一首；连多年未写诗歌的一些人也加入诗行列。邹静之也在地震后第二天就创作出《我们的心》这样感人肺腑的诗作，高洪波等诗人更是奔赴抗震第一线。当然更多的是一些无名的诗人、一些没有写过诗歌的人也成了诗人。我这里想引用南阳日报副刊编辑的一段话来说明这场诗潮的群众运动性质，“每天每天，我打开邮箱，众多的诗稿塞得满满的，一个个饱含真情的字符，一颗颗悲悯滚烫的心，催促着我，抽打着我，不推出这期抗震救灾诗歌专号，我将寝食难安。而诗人陈立红、王立虎、林颐、红袖蝶、蒋平等，更是来信要求将这次的稿费直接汇往红十字会。感动，感动，从来没有哪一次，有着这么多的感动。相信在这肩并肩、手挽手、心贴心的众志成城里，灾区人民一定能战胜灾难，重建家园，迎来幸福美好的明天！”

当几万首抗震诗歌涌现在网络上时，多部抗震诗集也陆续出版与读者见面。其中由中宣部出版局组织策划、人民文学出版社编辑部编选的诗集《有爱相伴——致2008汶川》已经面市。由群众出版社出版的《汶川诗抄》也在近日出版，该书汇集了抗震原创诗歌近百首，有中文和英文两个版本。

诗人被震醒了，诗情复活了，诗的读者也回来了。

2. 祖国的意象被重塑被放大

汤养宗好像并不是一个著名的诗人，但他的这首《瓦砾中的中国》很能够传达这次诗潮中的一种情绪，就是对祖国的重新认识和重新塑造。他这样写道：

2008年5月12日14时28分04秒
我的祖国被压在自己的瓦砾中
许多花朵突然被白云带走，天开始下雨
……

瓦砾中的中国正在站起来，她依然是一道巍峨的风景线
她对所有死去和活着的
儿女说："一定要记住，妈妈爱你
我们有一个永不会塌陷的家，名字叫中国！"

"祖国"是近百年诗歌的一个重要母题，也是新文学运动中被作家、诗人反复书写的一个巨大意象。祖国的意象在新诗创作历史上经历过三次大浪潮，第一次是五四新文学滥觞初期，郭沫若的《凤凰涅槃》表达了对旧中国毁灭、新中国新生的渴望，而闻一多的《死水》、《一句话》也表达了同样的思想感情。抗战爆发以后，民族危难，国破山河在，艾青、田间、臧克家、光未然等人又写出了不朽的诗篇，艾青的名句"为什么我的眼里常含泪水，因为我对这土地爱得深沉"至今在汶川地震中人们还经常引用。第三次高潮，是1976年四五诗潮开端的一次全民诗歌运动以及后起的伤痕文学浪潮，怀念周总理，痛斥"四人帮"，继而对中国的命运、民族的命运忧心忡忡，祖国的意象被反复吟咏。梁小斌《中国，我的钥匙丢了》、江河的《祖国啊祖国》等都在反思中表达对祖国复杂的情感。最著名的是舒婷的那首《祖国，我亲爱的祖国》："我是你河边上破旧的老水车/数百年来纺着疲惫的歌/我是你额上熏黑的矿灯

/照你在历史的隧洞里蜗行摸索/我是干瘪的稻穗/是失修的路基/是淤滩上的驳船/把纤绳深深/勒进你的肩膊——祖国啊！”在改革开放初期，舒婷以深沉而忧郁的歌声唱出了人们渴望变革的心声，诗的调子并不激越，但感情无疑是深沉而真挚的。

汶川地震发生以后，人们把对灾区的关注，升华为对祖国的关注，把对灾民的热爱升华为对民族的热爱。这种升华，是自然的升华，是发自内心的升华。中国在地震诗中，成为一个坚强的坚固的庞大的形象。《我要让世界知道，感谢命运让我生在中国——为“5 · 12”四川大地震而作》（李开发）、《中国，我们不哭》(打工诗人编辑部)、《妈妈，你的眼泪砸痛了中国》（王小弘）、《国难 · 祭日哀歌》（大仙）等直接以“中国”命题的诗歌数不胜数。来自抗震第一线的叶浪（成都市抗震指挥部成员）的《那一刻，我感到自己有一个强大的祖国》，在中央电视台、北京电视台的赈灾晚会朗诵之后，广为传播。而“梨花体”的代表诗人赵丽华的《哀悼日，让我们13亿人一起痛哭吧》更是一反“梨花体”琐碎的日常风，在诗里使用了“13亿”、“全国人民”这样的大词：“今天下午14点28分，全国人民将默哀3分钟/13亿人将一起沉默/这将是13亿中国人共同的沉默！这将是多么令人窒息的沉默。”悲哀，伤痛，流泪，诗人们充满激情，悲痛欲绝，但没有怨言，与“四五诗潮”的迷惘和怀疑大不同的是，中国的形象被重新塑造，不再是“破旧的老水车”、“熏黑的矿灯”、“失修的路基”、“淤滩上的驳船”，有的是“亲人解放军，武警官兵们/举着火焰般的心啊在黑夜的泥石中奔袭。亲人的哭泣就是滴血的号角/那些伟大的脚步呵，在传递着十三亿人的心声，在飞机上、在火车上、在运输的兵车上，”(邹静之《我们的心》)汤养宗在《瓦砾中的中国》里自豪地说，“我们有一个永不会塌陷的家，名字叫中国！”

这话在以往我们太熟悉了，并不感到有太多的力量，但加上“永远不会塌陷”这样的定语后，你会觉得祖国是那么有力、那么强大。我们在诗歌里读到了一个前所未有的强大的而实在的祖国，这是在郭沫若、闻一多、艾青、舒婷的诗歌里所没有的。所以旅居海外的程宝林的诗直言：“中国人是我！这个句子颠倒/也符合语法，却不那么地道/像是出自学汉语的外国人之口/但它更为自豪，口气狂放/当废墟里抬出/和我儿子年龄相仿的孩子/总有泪水涌出眼眶/我好想找个地方，嚎啕大哭/那些在场的中国人，谁比你们更棒！”

悲情、激情、豪情，构成了“5·12”地震诗潮的主调，这在理论家们看来已经是一种过时的“宏大叙事”重新释放出光辉来，但即使祖国这么强大的意象也没有排斥柔情。

今夜，我写下“祖国”这两个字
比往日有着更为复杂的感情
只敢轻轻、轻轻地念出来，生怕
稍微一用劲，就碰着它的伤口
其实它的心，比伤口还要疼
——洪烛《废墟上的祖国》

3. 人的光辉：人民和人性的自然融和

早在80年代初期的朦胧诗论争中，关于人民和人性的论争一直没有停止过，这一论争，也被简化为“大我”，和“小我”的争论。“大我”论者认为，小我必须服从大我，而小我论者则认为，个体生命才是文学的生命所在。这场论争的结果，朝着不好的方向发展，“小我派”认为大我是假大空，“大我派”认为小我是极端，是争论好看，诗却无人看。其实，诗人有大小，题材无大小。小诗人把大题材写俗，大诗人把小事件写大。“床前明月光，疑是地上霜。举头望明月，低头思故乡。”李白写的是个人的失眠，属于精神忧郁症，属于个人的私生活范畴，最多也是乡愁，但却写出了大境界。

在“5·12”诗潮中，也有一首流传极为广泛的《孩子快》（也有题为《孩子快抓紧妈妈的手》），写的是母子或母女被困废墟下面对死亡的对话，纯粹用口语写成（如果分类该属于口语派），说的也是最普通的家常话，没有多少大词和圣词，属于“小叙事”的范畴，但境界不小。

孩子快
抓紧妈妈的手
去天堂的路
太黑了
妈妈怕你
碰了头

快
抓紧妈妈的手
让妈妈陪你走

妈妈
怕
天堂的路
太黑
我看不见你的手
自从
倒塌的墙
把阳光夺走
我再也看不见
你柔情的眸

孩子
你走吧
前面的路
再也没有忧愁
没有读不完的课本
和爸爸的拳头
你要记住
我和爸爸的模样
来生还要一起走
妈妈
别担忧
天堂的路有些挤
有很多同学朋友
我们说
不哭
哪一个人的妈妈都是我们的妈妈

哪一个孩子都是妈妈的孩子
没有我的日子
你把爱给活的孩子吧

妈妈
你别哭
泪光照亮不了
我们的路
让我们自己
慢慢地走

妈妈
我会记住你和爸爸的模样
记住我们的约定
来生一起走

——佚名

这首诗写的是亲情，是人类古老的情感，是最常见的人性本能，但由于置放在特定的背景下，地震的废墟里，没有阳光的废墟里，黑暗的废墟里，母亲与孩子的对话显出了母爱，也显出了博爱、大爱。“哪一个人的妈妈都是我们的妈妈/哪一个孩子都是妈妈的孩子”，悲悯的人性情怀，超越了阶级、财富、城乡、国界、种族的限制，也正是人类面对灾难的共同态度。这是汶川地震传达给人们的美好情愫。

在这些诗歌中，描写孩子的篇章占了很多的篇幅，也是最为感人的诗章。俞强的《废墟上的书包》、廖辉军的《孩子，请一路走好》、陈让的《母子》、胡弦的《招魂》等都以一种人类悲悯的情怀悼念那些死难的孩子，写出了人性中璀璨的光芒。

尊重人，热爱人，尊重生者，也尊重死者，构成了诗潮的主体结构。朦胧诗潮中，北岛那首《宣告》里“在没有英雄的年代里，我只想做一个人”的名句，是对“文革”时期践踏人性、人的尊严的控诉。那个“人”其实是普通的一个人，却被视为大写的人。在今天的地震诗中，充分体现了以人为本的人道主义思想，洪烛《没有一个倒下的人》里写道：“地震的现场没有一个倒下的人/我心中装着的死者，都是站着的/他们以生前的模样活在亲人的回忆里”。没有一个倒下的人，写得多么庄严和悲壮！洪烛歌颂的是人性，也是人民，不倒的人民！

伊沙作为口语诗的代表人物，某些诗是非常的日常生活，或者说有意放大日常生活，但在这次地震灾难里写的诗却发生了变化，他差不多坚持每天写诗，关注灾区的情况。“父亲忽然问：/（吓了我一跳）/“诗人，你写诗了吗？”/“写了，写了不少”/“写，应该写/但你不要像平时那样/写得太灰/你要看到这个民族的长处/多灾多难但又生命力顽强/是灭绝不了的/我始终认为/熊猫会灭种/我们民族不会灭”。诗的写法依然是伊沙式的，但诗的内容已经是民族这样的大问题。可见所谓的“大我”和“小我”并非水火不相容，或者说泾渭分明的。人民首先是人，美好的人性也是人类的共同感情。

4. 谁拯救了诗歌

毋庸置疑，这些年来，文学的边缘化首先是以诗歌的边缘化乃至淡出为特征的。诗歌逐渐丧失了自五四运动以来在人们心中的皇冠位置。虽然写诗的人数比过去有增无减，但读诗的人数却并不乐观。读者的流失，才是文学最根本的失落，也是真正的边缘化。虽然有些诗人把诗歌称为贵族的艺术，小众艺术，但中华民族的诗歌发展史表明，真正的诗歌高峰都是以广泛的群众基础做铺垫的。唐诗、宋词、元曲之所以能够流芳百世，并不是因为他们把诗歌当作小众艺术来做，而是因为有了广大的受众（读者）之后才闪现出神奇的艺术魅力。

曾经广为流行的功能转化论为诗歌的边缘化找到合理的解释。功能转化论者认为，诗歌原有的功能被报纸、流行音乐、电视、网络、手机等新兴的媒介所取代，失去了读者也是必然的。但这一次汶川大地震，这些媒介依然存在，尤其是不少电视台24小时的滚动直播，对受灾的现场同步报道，可以说开创下中国新闻史的先河。加之网络这个民间媒体的补充，人们掌握的资讯及时而丰富，是诗歌难以承载的信息量。按照功能说的理论，人们应该得到满足了，但是客观的资讯并不能表达人们心中的悲情和热情，人们反而使用上诗歌这个古老的手段。这是什么原因？别林斯基在《诗的分类和分型》中说过："事件构成史诗的内容，像风飘过琴弦一样震动诗人心灵的瞬间感觉，构成抒情作品的内容。"资讯和信息虽然充分，它们震动人的心灵，但要表达心灵的瞬间感觉，还必须是诗。汶川地震像飓风一样震撼了人们的心灵，人们的感情淤积在那里，要抒发，要表达，诗歌就是最直接也是最个人的方式，从这个意义上说，诗歌没有消亡，诗歌的价值依然是其他载体无法替代的。关键在于，诗歌如何拨动人的心弦。

国家不幸诗人幸，吟到沧桑句便工。古人对诗歌命运的概括不无道理，但诗歌本身亦有其特殊的艺术规律，我们这些年对诗歌的理解和认识是不是进入了某种误区？"5·12"地震引起的又一次的民间诗歌运动的浪潮，说明诗歌的艺术生命常青。同时也说明，文学创作需要尊重艺术规律，好的艺术作品往往产生于作家情感的自然流露。再一个是文学创作的非功利性能释放对一个作家的创作能量。"5·12"诗潮中，写作者没有想到得奖，也没有想到稿费，甚至没有想到发表，更没有想到去讨好谁，很多的诗歌都是佚名传播的。出自心声，源自真诚，诗歌回到了它的源头，文学回到了它的源头，诗的生命力、文学的生命力就复活了。

最有意味的是这一次诗潮的传播方式，恰恰是前两年对诗歌进行恶搞的网络。2006年网络上出现的"梨花体"，是网民对诗歌的一次全面性的恶搞，以至于有人嘲笑在电脑上回车（分行）就是写诗，让诗的尊严和唯有的神秘荡然无存，诗歌进入有史以来的低潮。但这一次地震诗的发布、传播又凭借于网络，那些前不久还在嘲弄诗歌的网民一夜之间又成了诗的"粉丝"，很多人自己也成了诗人。从来没有哪个国家像今天的中国这么热爱诗，中国也从来没有任何时候像今天在短短的时间内会涌现这么多带血带泪的诗歌，哪怕在1958年大跃进和"文革"时期倡导的全民诗歌运动甭说质量，就说数量也难以企及。而这又不能不感谢网络这么一个公众自由参与的平台。

在一个资讯发达、传播快捷的时代里，网络在制造垃圾的同时又屡屡制造创造很多奇迹。这一次"5·12"诗潮虽然不是网络单方面创作的文学奇迹，但它昭示着一个共同的理念：正义、善良、悲悯、爱，是永不消失的人类的大主题，是诗歌也是文学必须紧紧拥抱的。

5·28完稿于润民居，泪不能禁

不断拓展延伸的文学

——当前文学态势的分析

一．文学界面的延伸

文学在发生着深刻的变化。

以前我们认为这种变化是一种文学的边缘化，但边缘化的描述显然不能说明当前文学的面貌。边缘是相对处于中心而言，而文学从上个世纪80年代末期就远离中心，也已经20年了。边缘了20年就不是边缘了，而是一种常态了，所以有人认为文学在进一步边缘化的说法，这是一种偷懒的做法。边缘本身是一种比喻，并不能说明文学的内涵和外延。

进入21世纪之后媒体的迅速发展和膨胀，造成了媒体的多样性、快捷性和个人性。原先的纸质媒体和电视媒体并驾齐驱的局面被日益发达的网络、手机等多媒体瓜分、侵蚀，多媒体的共存造成了信息爆炸，信息堵塞，同时又信息厌倦和信息匮乏。

文学这一农耕时代就出现的特殊载体，它的信息域在宽度上变小，在深度上也难以掘进，文学和读者的触发点在减少。

文学以前能够家喻户晓的原因就在于它是前传媒时代的一种准媒体，因而是火炬，是匕首，是投枪。新时期的文学较好地发挥文学的巨大功能，或者说释放了文学所有的功能，但随着媒体的发展，文学慢慢回归到一个应有的地位。

今天文学边缘化的同时，又是文学的参与的无障碍化，以前是少数精英从事的高端行当，如今因为网络的无门槛介入和手机的普及，变得越来越大众化和日常化。博客的火热，在线阅读的火热，说明这些软文学的载体已经日渐取代没有互动的文学单向传媒。博客的最大特点不仅仅是个人情绪的无障碍表达，而是在于它的受众（网民）的介入，跟帖留言是博客的一个重要部分，阅读博客和跟帖正是开放的文学开放的文本一个重要表征。一方面文学被认为边缘化和圈子化，另一方面文学网站和写作者数以千万计，韩寒、郭敬明的书畅销无比，大大超过传统作家。文学的状态正在越来越难以言说和概括。

我认为当前文学难以言说的原因，是文学在新的历史情境下“界面”得到了延伸、拓展。“界面”是借用IT业的术语，因为在人和机器的互动过程（HumanMachineInteraction）中，有一个层面，即我们所说的界面（Interaction）。从心理学意义来分，界面可分为感觉（视觉、触觉、听觉）和情感两个层次。

这些年，人们感觉到文学的边缘化更多是从情感的层次上，如果单纯地从文学期刊和人气指数上看，文学是不能与以前相比了，文学也确实不是社会阅读的主流，已经毫无悬念地让位于娱乐。上个世纪80年代的文学阅读的主流地位是在当时的文化载体和通道狭窄的情况下造成的，由于其它的载体和通道的关闭或者没有开启，所以在文学的通道上拥挤着过多的读者，也负载着过多本该不属于文学的使命和价值。

当时的文学几乎成了众生之门，文学肩负着媒体、娱乐、认知、审美、教化、历史、哲学诸多的功能，文学的作用因此也在特定的历史情状下被放大，尤其在70年代末期80年代初期文学的社会性空前绝后，文学的使命感卓尔超群。也就是说，文学往往在历史的转型时期，特别是有一个相对专制的时代转向相对民主时代的时候，具有超强度辐射力和穿透力，也就是名噪一时的“轰动效应”。这是文学的最高境界，但并不是文学的正常状态。也就是说，我们不能把文学在一个非常社会的语境下的放大的功能，用来作为判断文学在常态社会里的参照系数。

虽然在上世纪80年代后期，已有敏锐人士预感文学失去轰动效应，但文学真正失去轰动效应还是在90年代以后，尤其在1994年以后，因为90年代中期媒体的迅速发展，娱乐文化的广为流行，文学慢慢要借助媒体和娱乐来推销自己了（以前文学是蔑视娱乐和小觑媒体的），作家要出名也要媒体炒作，甚至还要制造点八卦新闻来“装饰”自己了。文学的面貌被还原了，或者说在一个商业社会里或者一个以经济建设为中心的时代里，文学回归到一个应有的位置。“边缘论”也就由此产生，当然参照系是以80年代的超级辉煌为依据的。

进入新世纪以后，文学在发生着深刻的裂变，一方面是传统的文学领地在缩小，传统的文学影响力也在受限；另一方面新的文学形式、新的文学的影响又在聚集人气，又在影响新的人群。同时，这新旧两股的潮流也产生了一些碰撞和交叉，围绕文学在网上产生过的一些争论，就是这样有趣而无序的“秀”。在另外一层面上，传统文学的界面已经被突破，文学的延伸正酝酿文学的裂变，这种裂变并不是让文学更加边缘化，而是催生新的文学运动甚至会产生新的文学潮流。

二. 文学的拓展和新变

首先，作家身份发生了变化，原先外延和内涵被拓展，作家和作家队伍比以前更为庞杂和丰富。以前确立作家的身份，寻找作家资源，一个非常可靠的依据就是在当地作家协会注册的人员。因为那个时代的作家基本上是以作家协会为圆心画圆的，也就是说，这些作家的身份也是通过作家协会来进行确认的。当时作家的队伍基本是相对稳定的，而今天作家队伍呈现出多元发展的趋势，一方面是传统组织作家协会的功能依然在发展作家、繁荣文学方面尽心尽力，另一方面随着自由撰稿人的广泛出现，随着网络作家的大批涌现，作家协会已经罩不住这些新的作家新人类，作家的概念在某种程度上被迫被拓展、重新命名。比如，我们以前有业余作者这个概念，但今天看来这个概念有些多余。“业余”是相对专业而言，而现在专业作家的发展虽然没有被禁止，但发展的前景不可乐观，也不被政府提倡。更重要的是，“业余作者”这个概念，原先是作为作家的候补力量和基础力量出现的，也就是说作家和“作者”是有区别的，中间的距离有时候是不容易逾越的。有人写了一辈子文学，也可能没有获得作家这样的称号，从作者到作家的提升是必须达到某种标准，是必须得到某种机构确认的。但今天，作者几乎成为著作权人的代名词，写作者都可能被称为作家，网络作家也好，“80后”也好，原先的业余的非专业作家的内涵剥离殆尽。今天作家从原先的社会身份已经转化为一个社会职业，作家，多指靠写作生存的人。很多草根，在一夜之间就成为作家。作家原先被钦定的光环消失了，但作家的人数和社会影响反而在发散。我们已经很难认为专业作家是文学创作的唯一主流力量了，至少在图书出版方面传统作家和非专业作家相比，非作协系统的作家在文学市场上的份额要强于所谓的专业作家。这些新的作家和网络等新媒体一起成长。

在网上很多匿名写作者，带着马甲写作也是作者身份的变化的一种，光是网名和笔名就完全不一样，笔名大多两个字，而网名常常四个字甚至五六个字。很多网上的匿名写作者在获得广泛认同之后才露出真实的身份。2008年汶川地震后，广为流传的那首《孩子，抓紧妈妈的手》，很长一段时间内是以匿名的方式在传播的。

第二，文学的载体在延伸，在发展。原先承载文学的载体比较单调，主要集中在文学期刊上。80年代作家的成名之路都是以期刊作为跑道的，今天期刊固然是文学的跑道，但网络、图书、博客、影视也同样成了文学的跑道。在这些新的文学通道上，已经成长了一批文学新人。传统的作家、传统的文学也开始正视这些新的跑道的功能。2006年风云突起的博客写作，不仅让很多的网络文学青年迷恋，也聚集了一些知名作家。2008年，汶川地震发生以后，在网上掀起了一股民间诗歌浪潮，大量的诗歌通过转帖的方式被人们迅速传播，是继天安门诗歌运动之后的又一次震撼民心、表达民意的诗歌运动，让沉寂多年的诗歌在一夜之间复苏。这比我们的诗人和诗歌刊物去呼吁拯救诗歌要有效得多。还有开始在国外流行在国内也渐渐兴起的手机小说——通过手机这一更快捷、更方便的载体来传递小说。谢望新的手机小说《中国式燃烧》虽然只是尝试，但表明传统的作家也开始对新的文学载体的运用。

在线写作是值得关注的真正的网络文学，以前的网络文学基本上还是书面文学网络发表。而在线写作则是海量的、变化的、不确定的和未知的，它势必比较粗糙，但又是和读者互动的、鲜活的、不规则的。这样的文学在脱离了三审制度之后，更自由也更无序了。这无序正是网络文学比传统文学更有诱惑力的原因。罗兰·巴特曾经想制造作者之死读者诞生的理想文本，但没有真正的实现，《恋人絮语》这一实验文本也没有得到认可。今天通过网络这一理想得到了完美的实现，网络的开放性和共时性为开放文本提供了硬件，读者（网民）的及时介入和随意的发挥，罗兰·巴特说的读者真正诞生了。读者不再是被动地接受，而是有了发挥创造的可能，这也就是今天网络文学为什么火爆的原因。它还带来了一个困扰出版社的问题，为什么一些网上火爆的作品变成纸媒以后，就销路平平了？就是因为那些在网上火爆的作品有共时性参与的功能，变成纸媒以后参与功能丧失了，读者成不了作者了。

网络的出现让现代人对信息变得贪婪起来，网络提供的海量的信息、海量的流量都是传统文学难以企及的，比如跳舞的一个长篇小说动辄几百万字，常常是一个传统作家一生的创作总量，这在文学的形态上让阅读走向浏览，让精致走向批量生产。传统文学的载体常常是非商业化的，而新的文学载体的背后都是资本在运作。

第三，文学的类型在延伸，软文学悄然问世。以前我们划分文学的类型，无非是从文体上去确认，将文学分为小说、散文、诗歌、戏曲四大块，或者从纪实、虚构的两大块去区分，最多也就划分为纯文学、非纯文学两大阵营。而近年来，出现一些新的文学品种，比如玄幻小说，既不是纪实也不是虚构，也不虚幻。像博客更是一个新的文学综合体，博客本来应该是纪实性的文字，因为它是一个人日记的连续。如果作为文学，也应该属于私文学的性质，但它实际上已经变成了个人的微型文学刊物，而且它的互动性，大量“跟帖”的产生，已经让这个私人空间变成了一个新的公共空间。类似博客这样的载体，虽然和传统的文学反差极大，但博主都是以写作者的身份在开博，而写作者我们以前往往称之为作者，以区别专业写作作家，也就是说是文学的后备力量，而且，博客里文学的元素又非常多，所以它应该是一种软文学。前网络作家安妮宝贝或许可作为软文学的代表，2005年她出版的那本按照日记方式写就的《清醒纪》，可以说开了博客文学的先河。安妮宝贝的文章经常游移在小说和散文之间，是一种交叉的跨文体写作。

当年明月的《明朝那些事儿》、天下霸唱的《鬼吹灯》都是难以用长篇小说和历史小说来概括的，不规则、边缘模糊、文体杂糅。文学的版块被冲击，文学的类型随着商业的阅读而划定界限，传统的界限已经打破。

三，评价体系的再建与归位

很显然，文学界面的延伸，文学功能的拓展，撑破了原有的文学的内涵，它给我们带来新的变化的同时，也带来了新的困惑。

文学的界面扩大了，文学的纵深并没有相应地得到发展，可谓是得到了长度和宽度丧失或淡化了深度，文学的深度问题平面化和简单化了甚至被娱乐化了。

进入文学的门槛低了甚至是无障碍进入了，意味着文学的平民化和草根化，但同时文学的快餐化和垃圾化也与之共生。原先文学的门槛和台阶被网络这个自由进入的自由港取代，当读者等于作者，文学的那股神秘力量和应有的自尊也不自觉地打了折扣，文学的泛化让文学的含金量更加稀缺，这也是文学的受众减少的另一个原因。

文学的界面扩大了，文学评价的体系并没有随着界面的扩大而得到相应的改变，传统的评价的体系在面对新的现象极为尴尬，因为两个不同文学系统要求同一种话语来评价，就容易出现不对称、不买账、不得力的情况，因而文坛出现了内在的冲突和不平衡。曾有人善意地以教导者的身份去捧“80后”文学，但遭到了“80后”无情的奚落和痛斥，反而加深了新旧文学的裂痕。因此迅速探索、建立一套适应新的文学界面的价值评判体系，或者调整原有的价值系统，是重新确立文学尊严和文学权威的关键。比如，什么是好的值得提倡的博客，什么样的文体具有软文学的价值，传统文学的哪些要素是不适合今天文学发展的，等等，都要进行清理和甄别，否则，就会出现以往那种批评和对象不对称，长此以往文学就真的会出现巨大的鸿沟，一边是恪守传统的文坛，另一边是在新媒体时代如鱼得水。

当前文学内部一个深层次的差异，就在于传统的文学是反商业的社会活动，而以网络文学为代表的新文学活动则是建立在商业性的基础上。前者是要作用于人的心灵和思想，后者则是首先吸引住读者的眼球。不同的出发点必然会导致不同的目标，而不同的目标评价系统也是不一样的。再往深层次里说，传统的文学是作者为中心的文学，要写革命文，先做革命人，作者常常被人格化和神格化，所以鲁迅有文学家、思想家、革命家的美誉，而后者是读者为中心主体的文学，作家要适应读者，而不像传统文学那样让读者去适应作家。中心不一样，就出现不同的主体价值观，评价的错位也是必然的。

新世纪文学出现的动态的不规则运动，提供了许多鲜活的文学情况，也为我们提出了很多的难题，不是边缘的难题，而是不规则的困惑。文学在今天依旧是我们社会生活重要的精神现象，我们无法也不能去回避，文学界和批评界也面临自身的拓展和延伸，才能应对新的现象、新的命题，才能正确解释或者进行真正的对话和沟通。

网络改变了文学什么

网络的出现，应该说不是文学所期望的，但网络还是无情进入了文学，并且毫不商量地改变着文学。有人把网络文学和100年前的白话文运动相比，一度有“网话文”的说法，但好像没有流行开去。没有流行的原因是两者有着本质的区别，白话文运动的前提是因为文言文脱离了当时的中国语言实际，所以“我手写我口”成为白话文取代文言文的最基本的理由。网络的出现，并没有改变文章的基本元素，网络某种程度上还是对现实的语言进行了某种虚拟，网络和纸质的差异在于载体发生了变化。

虽然网络最早是和科学联姻的，是现代科技的结晶，但真正影响到人们价值和思想的元素还是那些和文学相关的事件和人物。比如网络上的“超级人物”韩寒就是一个，虽然韩寒说这个p那个p，但韩寒如果只是一个赛车手，他的那些言论是不会产生如此大的影响的。文学和思想家如此之近，在我们的文学回避政治、回避思想多年之后，韩寒通过网络再次将文学和政治、思想纠缠在一起，网络改变着文学。

网络改变了文学的主体结构

上个世纪80年代中期，刘再复先生一篇《论文学的主体性》引起了轩然大波，现在看来刘再复说的都是一些常识性的话题。之所以能够引起那么大的动静，在于我们原有的文学忽视主体的研究。文学的主体是人，具体到某篇作品时主体是作家，作家有理由充分发挥自己的主体能动性，甚至可以淹没其他客体，甚至笔下的人物。当然对文学的主体性的认识，也有两种，一种认为就是作家主体应当是潜在的，这就是恩格斯说的作家的倾向应当“自然而然的流露”，还有一种就是显主体论，认为文学的功能就在于点亮火炬、唤醒“愚民”（愚民是启蒙的前提，如果民众已经苏醒已经是智者，那启蒙就是多余）。

以作家为中心的文学主体结构也是新文学的基本结构，所以现代文学的领袖基本是新文化的领军人物，《新青年》这样一个作为现代中国标杆的杂志也渗透着强烈的文学气息。文学的革命、文化的革命和社会的革命息息相关，文学赢得了前所未有的荣誉和成果。新文学的这样一个传统被继承下来，一直沿袭到上个世纪开始的新时期文学，作家正义凛然，文学浩然正气。文学的主体结构是作者至上，作者是代言人，也是圣音的传递者。

网络对文学的改变首先在于对这个主体结构的篡改。这个篡改甚至不是作家决定的，而是网络这个特殊的载体决定的。载体的革命常常引导着文体的革命和文学的革命。无论是竹简还是印刷文本，它所承载的文本都是固定的物化的，不能和读者进行活性的交流。而网络和纸质媒体的差异在于它的“界面”是活性的，“界面”一词是IT业的术语，因为在人和机器的互动过程（HumanMachineInteraction）中，有一个层面，即所说的界面（Interaction）。网络的界面的活性，让写作者和阅读者置于平等的位置，阅读不再只是收听和收视，不再是接受，还可以发泄和表达，写作不只是发布和宣谕，还必须聆听和接受。这就改变了文学原先的主体结构，原先的文学结构是以作家作为发泄主体，读者则是被动接受，可以说作家掌握话语权，读者是没有话语权的。网络将这个话语权平分了，读者阅读时也可以共时性地发表自己的看法和观点，甚至影响作家的写作，一些网络小说在线写作时，常常受到阅读者的牵引。

话语权的平分让网络在这个重视民主和参与的时代成为天之骄子，网络让人人都拥有话语权，让人人都有成为作者的可能。显然当初在网上混的肯定是一些没有话语权的作者，当网络授予他们足够的话语权之后，他们便成为了网络红人。文学的主体结构改变了，作家独霸主体的时代被终结。

其实一些有识之士早就意识到文学发展的瓶颈，那就是它与现代社会生活精神的脱节。早在上个世纪60年代，法国著名的思想家罗兰·巴特一直呼吁文学的对话功能，他认为传统文学的缺点在于是一个封闭的文本，只能听到作者的声音，因而他认为文学必须是开放的文本，他提出的“作者之死”，就是解放读者，让每个读者也是作者。罗兰·巴特为了体现这种作者之死的理念，曾专门和他的学生进行过一次对话，就是把世界名著里的恋人在各阶段的对白集中一起进行探讨，这些自由探讨的声音被记录下来，收到《恋人絮语》（此书后来在中国再版时改为《一个解构主义的文本》）。但这个开放的文本由于受纸媒体历时性的限制，并没有真正做到彻底的开放，《恋人絮语》依然署上了罗兰·巴特著，作者没有死亡，至少从知识产权的角度讲，没有死亡。

罗兰·巴特理想中的开放文本，今天通过网络得到了完美的实现，网络的开放性和共时性为开放文本提供了硬件，读者（网民）的及时介入和随意的发挥，罗兰·巴特说的读者真正诞生了。读者不再是被动地接受，而是有了发挥创造的可能，这也就是今天网络文学为什么火爆的原因。还有就是困扰出版社的一个问题，为什么一些网上火爆的作品变成纸媒以后，销路平平了，就是因为那些在网上火爆的作品有共时性参与的功能，变成纸媒以后参与功能丧失了，读者成不了作者了。

在线写作是值得关注的真正的网络文学，以前的网络文学基本上还是书面文学网络发表。而在线写作则是海量的、变化的、不确定的和未知的，它势必比较粗糙，但又是和读者互动的、鲜活的、不规则的。这样的文学在脱离了三审制度之后，更自由也更无序了。这无序正是网络文学比传统文学更有诱惑力的原因。

软文学的出现

我在探讨网络文学和传统文学的差异时，曾将网络文学称作软文学，传统的文学是硬文学。甭说遥远的古代文学，光五四以来的新文学就经过了近百年历史，形成了一套完整的规范和价值判断系统，它是成熟的、有形的、稳定的，简单地说，虽然作家和作品是流动变化的，但框住这些作家和作品的系统却是刚性的硬性的。而方兴未艾的网络文学之所以被称为软文学，首先在于它不能简单纳入传统文学的范畴，和传统文学相比，它是欠规范的，是流动发展的，是有弹性的。它的很多地方会逸出传统文学的规矩之外，或放大，或变形，或缩小，在一些独特的地方才华横溢。尤其在文体上，打破常见的小说、散文、诗歌、戏剧以及评论的局限，或者将这些文体杂糅在一起，不拘一格，不是带着镣铐跳舞，而是在跳舞时砸碎镣铐或化镣铐为道具。

我们发现现在的文学尤其活跃在网络上的文学仿佛有撑开的感觉，一些新鲜的文体我们很难用已有的标准去衡量和界定。文学的类型在延伸，软文学或非文学的文学悄然问世。以前我们划分文学的类型，无非是从文体上去确认，从小说、散文、诗歌、戏曲四大块，或者从纪实、虚构的两大块去区分，最多也就划分为纯文学、非纯文学两类。近年来，出现一些新的文学品种，像博客更是一个新的文学综合体，博客本来应该是纪实性的文字，因为它是一个人日记的连续。如果作为文学，也应该属于私文学的性质，但它实际上已经变成了个人的微型文学刊物，而且它的互动性，大量“跟帖”的产生，已经让这个私人空间变成了一个新的公共空间。前网络作家安妮宝贝或许可作为软文学的代表，2005年她出版的那本按照日记方式写就的《清醒纪》，可以说开了博客文学的先河。安妮宝贝的文章经常游移在小说和散文之间，是一种交叉的跨文体写作。当年明月的《明朝那些事儿》、天下霸唱的《鬼吹灯》都是难以用长篇小说和历史小说来概括，不规则、边缘模糊、文体杂糅。文学的版块被冲击。文学的类型随着商业的阅读而划定界限，传统的界限已经打破。

博客可能最能代表软文学的一些特点，它的文体变革的背后是文学观念的嬗变，是对传统文学悄无声息的一场绿色革命。博客的以下特征就是对传统文学的悄悄位移。第一，亚媒体性。博客之所以能够广泛吸引眼球的一个重要原因，在于它的亚媒体特征。博客的媒体特征，在于它能够发布或传递新闻消息，汶川地震、成都公交起火等一系列的新闻事件最早都是通过博客来传播的，博客已经成为媒体的媒体，一些媒体往往借助博客来寻找新闻源。博客的亚媒体特征，又因为强调个人的现场感，而个人的视野、个人的判断、个人的言说恰是文学的本质，文学区别新闻的一个差异在于文字是经过个人情感发酵的，媒体强调的是一个固定立场的真实。第二，高度个人性。博客的高度个人性不仅体现在写作方式上，也表现在发表方式上，90%以上的博客是带有个人日记性质的，也就是以往记录在个人笔记本上的文字，如今被公开示众了，这种示众以前是极少数人物才能享有的权利，而博客因网络的公共空间平台的公众使用被群众或人民（准确讲叫网民）分享了，虽然网站在博客主页推荐时主管依然厚名人薄草民，但草民毕竟有了自由展示的空间。绝大多数人把自己的博客称为小园子、自留地，其实是“我的地盘我做主”、“我的博客我管理”的主人意识。夸大一点说，一个博客就是一个小报刊，一个小传媒，这媒体的拥有者是“我”自己，“我”是主编，也是主笔，“我”是记者，也是编辑。

网络改变了原有的一些文学类型结构，呈现着高度自由和变化的特性。新的类型小说也在风起云涌，职场小说、玄幻小说、灵异小说、穿越小说、悬疑小说等等，都在丰富着文学的品种。而微博的出现，被称为“网络时代的俳句”，又在形态上再次挑战我们传统的文体学。

低碳生产的可能

低碳是时代的要求，也是未来的要求。文学的生产和阅读，理当坚持低碳的原则。探讨文学的低碳，是一个新的话题。我想从两个方面来说明网络让文学具有了低碳的可能。一是从载体的物质构成来讲，网络的文学消耗能量最低，网络的写作载体和阅读载体可以反复使用，而传统的纸质媒体不仅消耗大量的木材和油墨，还有无数的人工，作品出来后阅读的使用也是受到限制的（必须人手一册，且有一定的使用限制）。但网络作品的无限循环使用，具有高度的效率和使用值。近来文学网站的兴起，对文学期刊造成了新的挤压，因为以前文学期刊是文学新人的摇篮，而现在网站的快捷和高效受到新的作者的青睐。

从作家队伍的建设和维护来说，网络也是高度的节能和方便。网络文学的非专业化，改变了专业作家队伍的模式。专业作家的队伍一直是争论巨大而难以彻底解决的问题，如果继续设立，作家被养懒了，浪费纳税人的钱，如果不设立，作家的培养和队伍的延续又得不到保障。网络的文学之旅是一支看不见的队伍，又是一支随时更新和发展的实力军，对管理者而言，只要及时地掌握动态熟悉情况，就不要担心文学人才的断层。这样文学运作的成本最低，减少了很多不必要的能量损耗和经济成本。

2010、5、19

论当前现实主义的优化

——当前现实主义小说优化的几个问题

一．从文体的自觉到写实的自觉

毫无疑问，新时期文学以来现实主义的小说创作取得了巨大的成就。从20世纪80年代到今天，现实主义的小说经历了回归、分化、深化的过程。从粉碎“四人帮”之后，文学向现实主义回归，解决了文学的真实性问题。到80年代中期，现实主义小说创作由于受到改革开放思想的熏陶和现代主义潮流的冲击和影响，发生了前所未有的变化和动荡，现实主义家族也因此产生的种种变化得到了加大的丰富。现实主义小说的创作形态呈现出前所未有的繁荣，出现了意象现实主义、魔幻现实主义、笔记体现实主义、结构现实主义等小说新品种，这些小说类型有些是从西方流派中获取营养，有些是从中国传统里受到启发，但都极大地扩展了写实主义小说的可能性，使作家的个性得到了充分的发展。

如果说80年代的现实主义小说侧重于文体的变革，关注小说形态的变化，那么到了90年代，作家由文体的自觉转向写实的自觉。这种写实的自觉首先表现在对现实生活的关注，特别是当下日常生活的关注，通过对日常生活的关注来体现对人的关注和社会的关注。在这些小说中，以“新写实”的风格作品最为明显，其成就也最为突出。“新写实”的一些代表作家刘恒、刘震云、刘庆邦、方方、池莉、叶兆言、刘醒龙、陈源斌、何申、谈歌、关仁山等都写出了一些很有分量的作品，后来获茅盾文学奖的《白鹿原》（陈忠实）、《长恨歌》（王安忆）、《茶人三部曲》（王旭烽）、《抉择》（张平）等都是这一时期的重要作品，它们在表现人性的社会深度方面可以说产生了重大的历史性影响。和80年代的分化一样，90年代的深化取得巨大成就的同时，在一些作家特别是年轻作家那里也出现了一些偏差，尤其是对人性的深度的理解、对日常生活的理解有过于形而下的倾向。

因此，在经历了分化、深化的历史性的发展之后，如何在原有的基础上将现实主义的创作推向新的高峰，怎么优化资源组合、在一个更高的平台上发展现实主义，是新世纪文学的当务之急。我想联系近来自己阅读作品的实践，谈几点想法。本文所说的现实主义涉及到创作思想、文化精神和具体的创作方法，因而不是一般的创作方法研究，而是一个在更大范围内的广义的概念。

二．原生态与精神链的衔接

现实主义小说最早的时候，是法国一位叫G·普朗士的反浪漫主义的批评家在1833年提出来的，当时现实主义被当作唯物主义的同义语，他说现实主义“关心的是墙上有一个什么样的有花纹的盾，旗帜上绣的什么样的图案，害相思病的骑士是一种什么样的脸色”，在普朗士看来，现实主义的意义就等于地方色彩和描写的精确性。现实主义的概念与一位平庸小说家尚勒弗里有关，1857年他出版了一部题为《现实主义》的论文集，他的朋友迪朗蒂又办了一份短命的刊物《现实主义》。在这些文章中，一个文学纲领就清晰可见了，就是：艺术应当是现实世界的真实再现，作家通过细致的观察和小心的分析研究当代的生活习俗，作家这样做的时候应当是冷静的、客观的、不偏不倚的。

应该说后来的现实主义创作始终受到早期理论的影响，包括后来的最为先锋的“新小说派”也是对“物化”传统的回归。只是20世纪的现实主义因为革命、战争、民族解放原因，现实主义的功能得到了空前的扩展，成为非常重要的启蒙话语，主观的战斗性有时大于了客观的描述性。20世纪90年代以来的中国当代小说加强了写实性，慢慢地消解了一些意识形态的理念，对事物和人物的描写比之以往要空前地精细和详尽，这种被评论家称之为“原生态”的小说观念在新写实作家和新生代作家那里具有较大的市场。他们刻意表现人在生活中的日常的未经理念过滤和阉割的生存状态，展现的不是原先那种“大写的我”的精神风貌，而是在日常生活里的烦恼和困境。进入90年代中后期，由于市场经济的热潮和商业大潮的冲击，一些作家又着重描写人被激发起来的欲望和物质化的追求，因而又被称之为欲望化写作。

从原生态写作到欲望化写作，说明现实主义在以一种超短距离贴近生活，小说的纪实性和信息性在加强，小说的视角也扩展到生活的各个领域，以往我们小说不大注意或回避的一些生活死角也被挖掘出来，写得栩栩如生，人的能量和欲望也因此得到了前所未有的释放。这种小说在强调人的主体和人的欲望的同时，也夸大人的主体和欲望，特别是后来出现的“身体写作”的倾向，可以说是欲望化的极致。

原生态的写作在全息化展现生活的层次和细节方面极大地提高了写实小说的丰富性、复杂性，不高明的写作者也将生活的琐碎、平庸乃至无聊大量地带入了小说，导致了小说的平面化和思想的溃疡。而欲望化写作在丰富人的七情六欲的同时忽略了人的社会性，小说中的人物可以被物化、被身体化，但物化和身体化之后毕竟不是动物，至少作家应该有充分的理性来隔离这些人性的泛滥。

由个性泛滥到人性泛滥乃至性泛滥（下半身写作），部分小说家向早期的现实主义和自然主义靠拢，诱发了一些争论。小说的充分物化和自然化，在获取原生态最大信息的同时也慢慢地锈蚀了文学的精神链。文学的精神链不是意识形态的简单外化，也不是单纯的时代精神的传声筒，文学的精神链是融贯在作品之中流动的血液。鲁迅说过，从血管里喷出来的是血，从喷泉里喷出来的是水。过度强调原生态的小说不是没有内核和精神链，而是把水当成了血液和沾粘剂，因而小说难免显得苍白和软弱。

原生态小说的出现是对那些极端理念化和概念化小说的一种有力的反拨，它标志现实主义小说进入到自觉的层次，但原生态显然不是写实小说的最高境界，原生态是写实小说的路径而不是目标。原生态对解构那些过度宏大叙事造成的空洞和虚妄无疑是对症下药，但过度解构也易造成小说内涵的溃疡和腹泻，作家可以描写一地鸡毛的生活，但一地鸡毛式的生活并不能让一地鸡毛式的精神来统治。

精神链的提出，是对当下小说的思想溃疡症状的一种校正。精神链不是简单的粗暴的理念和观念，是作家融化在小说中的价值取向和情感伦理，它联系整个作品的生活内容和全部环节，这种联系是有机的、无痕迹的，是文学自身发展规律的必然。伟大的现实主义作家，无论是法国的巴尔扎克、福楼拜，还是俄国的托尔斯泰、陀思妥耶夫斯基，他们总是能够用合适的精神链来衔接小说，来组合生活内容，来表达人类和人性庄严的主题。

因而强化小说的精神链，避免小说的无序和精神的缺席，能否让小说的原生态和精神链有机地衔接已成为衡量一个小说家高下的试金石。老舍的小说对老北京市民的生存状态的刻划不能不说是细致到每根毛孔，但老舍的小说里那种悲悯的人道主义情怀是一条特别值得珍惜的精神链。王安忆的《长恨歌》也是原生态写实的代表作，但小说在展现王琦瑶的一生的过程中，有时代的印记，还有王安忆对资本主义生存哲学的批判和解构。今年出现的铁凝的新作《笨花》也是用原生态的叙述方式来写就的小说，在叙述态度的冷静和客观方面，不仅到达了零度，甚至可以说是冰点，但向喜及其家族的命运的变迁，折射的是近代中国社会的“现代性”的大主题。2005年在网上出现的长篇小说《元红》因其网络写作的自然特性，其原生态和毛边化极为明显，但那个乡村少年存扣的成长烦恼也同样记录了中国改革开放20多年来的精神变迁。《元红》的作者顾坚是个新人，写作也颇受流行的思潮影响，可依然能在原生态的写实中透露出一种不凡的精神姿态，已属难得。

如何将原生态和精神链更好地衔接起来，已成为当前写实小说创作的一个瓶颈，也是现实主义在新的历史情境下面临的考验。

三. 故事性与超越感的整合

有一个有趣的现象并没有引起理论家和批评家足够的注意，这就是近年来根据红色经典改编的电视剧获得了极大的收视率，为什么？红色经典不仅是地道的现实主义作品，而且绝大多数是按照革命现实主义的模式创造出来的。这对我们的小说创作可以说出了个难题，因为我们的作家经过这些年的观念更新和思想更新，小说的理念可谓先进又先进了，但其作品为什么不如看似落伍的红色经典受读者的青睐呢？红色经典除了英雄主义和理想主义能够引起今天的读者共鸣以外，在其他观念方面并没有特别的新鲜之处，有些观念甚至是于今天的政策和思想相悖，但它在今天依然没有完全失去读者。

其实，传统小说的生命力并不在于它的观念如何陈旧或新潮，而在于它自身的故事和人物具有的生命力。新鲜的观念是人们读出来、研究出来的，而生活本身永远大于观念。《三国》、《水浒》、《西游记》、《红楼梦》四大名著至今为人们津津乐道，并不是当年的写作者在中间隐藏了多少深奥的观念留给后人去阐释、去发现，而是因为他们把故事写好了、把人物写好了。可以这样说，现实主义的超越性和象征感是隐藏在精彩的故事和人物背后的，浮在表层的超越和象征看似热闹，其实是缺少生命力的。

1985年以来的文学变革浪潮，大力张扬文学的象征性、抽象性、符号性，强调小说的象外之象、境外之境，这本身没什么错，优秀的现实主义小说作品肯定是能够生发出许多超越故事本身的价值和内涵，但这些高级的价值内涵必须建立在完整的故事情节和生动的人物形象基础之上。如果把那些象征性、符号性比作宝塔的塔尖的话，那它必须拥有足够的塔基和塔阶，如果一心一意只去营造塔尖的话，这样的塔尖是很难营造出来的，即使勉强营造出来，其塔尖的高度也是有限的。一个伟大的塔尖如果建筑在一个很低的层次上，其伟大也必然要大大地缩水。刘震云是这些年当中写实功力深厚的作家，他的《新兵连》、《单位》、《故乡天下黄花》是在新时期文学史上不可忽略的重要作品，即使如此，他在受到后现代主义影响写出的《故乡面和花朵》，由于专注于塔尖的建设，刻意追求抽象性和超越感，其作品的影响力和感染力也大不如前。而其他写实功力不那么过硬的作家，其营造出来的塔尖更多的时候就显得矫情和飘忽，因为他们的小说缺少坚实的塔基。

现实主义小说最基本的塔基就是故事，故事在现代美学中是一个比较土气和过时的概念，但并不意味着现实主义小说不需要故事，更不意味着现实主义小说不需要把故事讲好。写好故事的重要性就有点类似高楼大厦的土木工程，它往往在高楼大厦的底层，看不出太多的豪华和壮观来，但正是所有豪华和壮观的前提。

应该说，当下很多作家都具有了非常强烈的超越意识和尖顶观念，是过去的很多作家不能及的，但他们却缺少基本技能的精通和圆熟，就像篮球运动员有强烈的扣篮意识和表演欲，却疏于传接球甚至运球的基本功的锤炼一样。这种对故事性的冷淡、对抽象性的狂热，使得很多作家的许多想法和创意流于言表，而不能溶化到小说的故事当中。这就好像现在有些产品不在产品的质量上下工夫，光有华丽的包装是不能成为经久不衰的品牌的。

让小说重新回到故事的层面来，让故事具有消费功能，可能是现实主义的古老传统的复兴。我们这些年来在注重小说审美功能的同时，往往贬损小说的故事消费功能。小说的故事消费功能肯定不是小说的最高功能，但却是小说的基础功能，是小说的物质基础。再美好的思想功能、语言功能、审美功能如果放弃了最基础的建设，往往容易建成空中楼阁，建起来容易，倒得也快。实践是检验真理的唯一标准，新时期文学里经得起时间考验的小说，往往是故事性和超越感水乳交融的作品，而那些概念大于形象、那些形式大于内容的小说可能好评一时，但很快就被读者忘掉，自然不会是真正的传世之作。

四．审美穴与读者源的同构

把小说作为审美结穴点是上个世纪80年代以来广为流行的一种文学观，这是对以往轻视文学的审美功能而片面强调文学的教化功能的成功反拨，也在一定程度上主导了文学创作和文学批评的价值观。这对于提高文学的审美价值和艺术品格无疑是极大的帮助，同时也对读者的鉴赏能力和审美水平提出了新的要求。

比审美说更进一步的观念是智力对弈说，就是作家和读者通过小说文本来进行某种审美的交流和智力对弈，小说被想象成智力角逐场，不在场的读者被作家设定为审美能力高超的假想敌。这对作家提出了挑战的同时，也对读者提出了挑战，然而，这种新的小说观与中国传统的小说读者观的差异，很快让小说家受到了“报应”。1985新潮之后的文学期刊和文学读者逐年下降，这其中固然有其他媒体新兴的原因，但小说家挑战读者、放弃读者也是不争的事实。

对于更为广大的中国读者来说，阅读小说首先是要获得一种愉悦，这种愉悦固然有通过审美实现的，更多是通过消费故事来实现的。小说的消费功能、娱乐功能是这些年来评论家和作家一直回避的问题，过于强调小说的审美功能和过于强调小说的教化功能一样会导致读者的反感，如果说“文革”期间小说过于强调小说的意识形态功能引起了读者的不满，那么今天的小说的审美至上主义也是导致读者大面积流失的一个重要原因。

对于现实主义小说来说，读者是极为重要的因素。其他类型的小说，可以设置很多的阅读障碍来“为难”读者，但现实主义魅力之一就是对读者的亲和力，因为亲和力，现实主义的小说才长盛不衰。关注读者也是现实主义的优良传统，我国唐代杰出的现实主义诗人白居易关注现实、关注民生疾苦，他写的诗歌要求“老妪能解”。“老妪能解”是白居易的现实主义的诗歌美学，也是白居易的现实主义的读者观。流行已久的西方小说叙事学对读者的研究特别是对“隐含读者”的研究，显然提高了读者的地位，但由于我们一些作家和评论家理解上的差异，夸大了与读者的对弈性，“隐含读者”变成了评论家或智商高超的读者甚至是文学史的撰写者，最可笑的是极个别的作家以斯德哥尔摩的瑞典皇家学院评委的口味作为隐含读者，这就必然摒弃了普通的读者，影响了作品更大范围的传播。

现实主义小说可以产生诸多的变化和变异，但千变万化是不能放弃读者，尤其不能放弃最普通的读者。这也是现实主义与其他探索类文学的最大区别。现实主义的优秀作家赵树理的小说，因为做到了“老妪能解”，所以他的《小二黑结婚》等作品不仅在美学上吹来一股清新的民间之风，同时也受到了读者的欢迎。赵树理的意义是率先把小说俗话的第一人，他不仅让农民成为主人公，还让农民成了真正的读者。

对于现实主义的小说来说，在今天恐怕首先要解决审美穴和读者源的同构，而不是对立和对抗。特别是今天畅销书在与文学争夺读者的时候，我们不能将读者拱手相让，而要发挥现实主义自身的优势，将审美和阅读完整地结合起来。其实，审美和阅读并不是矛盾的，阅读是审美的初级阶段，而审美是阅读的升华。伟大的人民艺术家老舍的成功经验对我们今天的很多作家是会有启迪的。老舍的小说《骆驼祥子》、《四世同堂》等植根于北京老百姓的日常生活，至今仍然被当作北京历史的活教材，他的创作开创了现实主义的新风，多年之后对刘绍棠、苏叔阳、陈建功、刘恒、王朔、邹静之等人“新京味”流派影响极大，根据老舍小说改编的电视剧依然火爆，可以说他的创作达到了“读者源”和“审美穴”的完美统一。老舍之所以被称为“人民艺术家”，是他的“隐含读者”始终是“人民”这样一个大众群体。他在写作时没有想到那么多高深的“隐含读者”，更没有想到文学史家。

五．现实主义优化的可能

提出“优化”的概念，是因为现实主义小说已经取得了很大的成就的同时，也留下了一系列的问题需要去解决。这些问题的解决，不仅对现实主义的发展起着促进作用，同时也有利于新世纪文学产生伟大的作家、伟大的作品。

新文化运动近一百年的历史，也是现实主义小说不断发展和丰富的历史，可是今天能够达到和超越“五四”以来像鲁迅、茅盾、老舍、赵树理这样的现实主义的大作家实在是少，不能不说这是新时期文学以来的一大缺憾。而克服上述瓶颈的局限，优化资源的组合，实现现实主义创作的最大值，让现实主义迈上一个新的台阶，是时代的需要，也是历史的呼唤。

优化现实主义也是理论创新的尝试，有助于树立重建的文化理性。近年来，随着西方以解构为特征的后现代文化的进入，文学界的一些模式和格局被消解，现实主义首当其冲，一方面是现实主义原有的不合理部分被去除，另一方面也造成了理论的平面化和概念的碎片化，这就更需要创造性的思维、建构的理想。

今天提出现实主义优化，也是当前的社会现实和文化现实提供了这种可能性。从文学反映的现实来讲，我们的生活如此丰富如此多彩，各种新的事物和各种新的矛盾是前所未有的，矿藏的含金量贮备充足。从现实主义发展的过程来看，在经历了分化、深化的艰难探索，需要向更高的境界前行，尤其是现实主义小说多元发展之后，需要新的整合，才能熔铸出宽阔而深厚的新型的现实主义。这也是对文学规律的尊重。

2006.8.27定稿于润民居

文学人口问题的思考

1. 何谓文学人口?

衡量一个国家的足球水平，足球人口是一个重要性的指标。足球王国巴西之所以能够长期雄霸世界高端，一个重要的原因就在于它拥有庞大的足球人口。中国乒乓球水平一直领先于世界，也在于中国乒乓球人口数以亿计。高楼万丈平地起，任何事业的发展、提高，都需要足够的基础。文学事业也不例外，一定数量的文学人口，是文学得以发展、提高的必不可少的条件。

我所说的文学人口与足球人口的概念有所不同，足球人口是指主要从事足球活动的从业人员，而文学人口则与丹尼尔•贝尔所说的“文化大众”有相似之处。文学人口主要指一群人数众多到能够独自消受这套文化产品的人群，也就是说文学人口不仅指创作者，还有它的传播者，更包括它的阅读者。也就是说文学的从业人员（创业、出版、传播）只是文学人口的一小部分，虽然他们在文学人口中起着引导、制约的领袖作用，但在整个文学人口中他们只是生产者，而消费者（阅读者）才是文学人口的大多数。

我国是文学人口大国，无论从文学的从业人口，还是文学的消费人口，都是其他国家无可比拟的。尤其在70年代末80年代初期，文学充任了“媒体”的角色，国家呈现“全民文学”的特征，《人民文学》的发行到140万，一般省级文学刊物也有几十万份，一部长篇小说开印便是10万册，作家和诗人像今日的明星一样受到大众的狂热欢迎。这些在今天看来像神话一样的数据，在当时确实是真实存在过。由于当时媒体的滞后，处于“前媒体时代”，文学的功能被放大、嫁接、转移了，代替了媒体的角色。当时的报告文学热是文学媒体化的一个重要表征，因为当时报告文学所涉及的内容，在今天看来正应是央视《东方时空》、《新闻调查》所要完成的。当时文学作品的一些题目，如《爱情的位置》、《将军，你不能这样做》等具有爆炸性的作品，都用了新闻性很强的标题。

到了90年代以后，媒体时代来临，文学也逐步回归到自己的位置，文学人口急遽下降，大众文化消费的人口迅速上升。这一消一长，说明中国从计划经济转入市场经济之后，文学也从万众瞩目的高端滑落到一个正常的社会文化消费层次，文学也面临市场的挑战和考验。这十余年来，文学过强的意识形态色彩被慢慢剥离，文学产业化的特征在逐步浓起来，文学生产——消费的模式渐渐清晰起来。文学人口数量发生了变化，文学人口的结构也发生了变化。在一个全民文学热的浪潮里，文学的功能无疑是被放大，被夸张了。在文学小众化的今天，文学从业员的功利性、实用性、商业性空前加大，出版社、刊物，文学媒体都面临生存的压力。而专业作家（作家协会在各省直机构中是为数不多的没有奖金的部门之一）的稿费也不像80年代那么值得炫耀了，所谓的"养"作家其实是很廉价的，而自由撰稿人（亦称个体作家）的出现，更说明作家不养也能存活，这在过去是不可思议的。这一方面说明维持一个作家的成本并不容易，同时也说明作家的经济地位已经混同于一般专业部门的工作人员。在这样的情形之下，作家走向市场也是必然，成为畅销书的写作者也是很多作家的心愿。作家的职业化褪去了原先神圣的外衣，与IT业、金融业等朝阳产业相比，文学的从业人员自然会大大减少，文学从业人员的结构也发生了变化，原先精英化的组成大大打了折扣。另一方面，文学受众也发生了变化。文学人口已经成为当前文学创作和文学事业必须正视的现实。

2．当前文学人口的分布情况

由于文学人口分为生产者和消费者（或受众）两个方面，我的阐述还是侧重于狭义文学人口这一方面，在狭义的文学人口中又侧重于文学第一生产者——作家，主要是对作家队伍的构成特点作一些分析。

从业性质。①专业作家型。这是建国以来我国文学创作的最基本的队伍，迄今仍发挥着生力军的作用，主要是80年代发展起来的一批中青年作家。他们主要分布在作家协会、部队、文化团体和部分媒体。90年代发展的专业作家人数很少，而且多半是以签约作家的形式出现的。整体上年龄老化，如当年江苏作协的专业作家年龄最小的是苏童，也已经40岁。②业余专职型。业余专职型的作家主要是指那些由于多种原因没有能够以专业写作身份从事文学创作的人士，比如编制限制、人事原因等等，像刘震云、莫言、毕淑敏、格非、徐小斌、陆天明等等。这些人当中有些是成功人士，在单位担任一定的职务，也有些是带有挂靠性质的。③个体型。这是一批不拿工资的作家，是真正意义上的自由撰稿人。以前好像说只有巴金一人不拿国家的工资，而现在这批作家的人数在激增，人数可能超过各级作协专业作家的人数。在北京就聚集了一批这样的自由个体作家，有点像宋庄的自由画家，这类作家中比较著名的有余华、韩东、残雪、北村、皮皮等人。这批作家是90年代的产物，某种程度上可以说是延续了30年代的文学传统。30年代在上海就集中了一大批自由撰稿人，靠卖文为生。这批人的成分也比较复杂，生存状况也各不相同。有的在文学的高端，有的则在文学的低端。个体型作家也是应运而生的，它一方面是国家配给的专业作家的补充和延伸，另一方面也是90年代文化催生出来的。90年代文化的各个领域都出现了个体和民营的方式，文学也不例外。

写作动机。①生存实用型。虽然文学在今天不像80年代那么容易名利双收，但文学的市场价值仍然具有较大的空间，仍然是富矿。已经成名的作家如何在市场争得更多的份额（版税），他们往往与影视联姻，获取更多的“眼球”，几乎所有当红作家的作品都靠影视走向大众，成为畅销书作家。当然，有些作家并不是通过降低自己作品的品位来媚俗的。另一类是脱贫型的作家，他们往往出身比较穷苦，或处境艰难，文学仍是他们摆脱贫困，出人头地的途径。这在一些边远地区的文学爱好者、写作者当中仍然比较普遍。旅居京城的一些自由撰稿人也有此类心态，他们不少人沦为书商的枪手的电视剧的写手。②精神追求型。虽然文学卷入了商业化的大潮，但仍有一批作家拒绝商业性的写作，拒绝的原因一是因为对文学的神圣感和精神家园的归宿感使之然，另一方面则是一些作家无力承担文学商业化的职能，退守文学的精神性堡垒之中。另一些文学的写作者则是过上小康生活之后不满足于流行文化的平庸和媚俗，把自己的精神追求投放到文学这一古典的文人关怀之中，虽然他们有媚雅之嫌，但无生存之忧，他们视为文学为精神性的生存。③娱乐消遣型。这一批作家更趋于票友型，年轻化、网络化、随意化是这些文学写作者的重要特征，他们的写作虽然以娱乐的方式出现，他们并不拒绝出版，也不拒绝包装，甚至获得了较大的反响。网络文学作家是这一类型作家的代表，他们以高度放松的心态来面对文学，文学并不只是他们的终身伴侣，或许只是他们阶段性的情人，这个作家群流动性强，成功人士往往会归到传统作家的队伍中，像李寻欢、安妮宝贝等人基本上与传统的纸上作家已经无异。

资源走向。①女性化。90年代中后期的写作人群有一个明显的趋向，就是女性作家的比例在逐年提高，在“美女作家”的时尚化写作热潮过后，女性写作的热度有增无减，特别是30岁以下的青年作家人群中，女作家的人数以绝对优势压倒男性，不仅写作的人数多，写作的质量也超过同年龄段的男性，这在有三千年的中国文学史上还是第一次。或许在90年代以后的社会分化发生了变化，更多的男性去从事政治、经济、金融、法律、军事等行业，而文学已经成了“小世界”，女性到这块园地上也就自然了。由于社会分工的变化，某种程度是因为男性不在场，闲散、闲适的年轻知识女性逐渐多起来，她们从事文学的空间大起来。另一方面，女性作品市场上也有卖点，也更能吸引人们的注意。

②低龄化。虽然文学在走向边缘，文学人口在减少，但近年来文学在成人里冷了却在孩子那里热起来。上海《萌芽》杂志在80年代作为青年文学的“四小名旦”，也有过数十万的发行量，但到了1990年以后，发行量只剩下几千份，从1997年开始，《萌芽》由原先的青年文学刊物转为少年文学刊物，专为中学生的文学创作提供园地，没想到《萌芽》又恢复到昔日的辉煌，发行量又攀升到十几万份，并引发了文学刊物的改刊热。与此同时，韩寒、叶子等一批少年作家的涌现，引发了少年写作的热潮。杭州市作协还专门成立了少年作家协会。学生当中的“文学热”一方面说明中国父母的望子成龙的心理被市场和出版社所利用，另一方面也是80年代文学梦想的延续，因为这些文学少年的父母大都是80年代的文学青年，他们的理想要通过后代来完成。

3．人口与人才

文学人口与文学人才的关系，有时候并不成正比，但文学人才的成长与文学人口的质量有很大关系。80年的文学之所以取得了辉煌的成就，一方面与80年代解放思想、实事求是的大氛围有很大的关系，另一方面与文学队伍的人才辈出有相当大的关系。由于80年代是一个激情与梦想的文学年代，那个时候的青年精英知识分子几乎都有过染指文学的梦想，那时候的文科状元几乎全部进入中文系，可以说是高端的人材全部集中到文学这个领域之中。到了90年代以后，从高考开始，人才便呈多元化流散倾向，文科人才大多流向财经、金融管理、传媒等专业，中文系的生源质量大不如前。虽然中文系在培养作家方面的作用是有限的，但人才的构成说明作家的队伍资源出现某种危机，人才储备不足。但我们也不必为文学的前景担忧，因为文学不是高科技，文学的特定性和反常规性常常会产生一些意想不到的现象。我觉得发现、培养文学的人才除了按照往常的思维惯性外，也应该对这样两个领域的文学人群给予关注：

①海归作家群。中国现代文学的产生，很大程度上得力于中外文化的冲突和交流，与海归作家有很大的关系，鲁迅、郭沫若、老舍、徐志摩等“五•四”文学的旗帜性作家，在今天看来，都属于“海归派”。如果没有这些海归作家，新文学会以什么样的面貌出现，是很难想象的。今天，中国的知识精英差不多也通过留学的方式到海外去学习、生活，这些人虽然是理科人才，当中不少人对文学创作充满兴趣，异国他乡的艰辛生活和对母语的思念和热爱，在归国后可能会成为新一代作家的一支生力军。

②网络作家群。网络文学是近年来新出现的文学品种，由于载体的特性，网络作家是以反传统的方式出现，但最终无不回归到传统文学的轨道上来。这是因为网络文学只是贴到网上的作品，真正的网络写作恐怕只存在在聊天室里，再一个就是网络上的好多高手不少是在传统文学载体得不到充分发挥的一些被压抑的人士，他们“网络”之后还是以文学作为归宿。网络的自由空间，客观上为文学人才的涌现提供了一个直接的通道，那些被编辑和评论家口味遮蔽的人群容易浮出水面。

畅销书的文化挑战

市场·排行

畅销书(Bestseller)的概念来自西方。但畅销书并非现在才开始出现的，按照法国文学社会学家埃斯卡皮在《文学社会学》一书中能冲破10万大关作为畅销书的一道分界线的标准（王美华、于沛译《文学社会学》，安徽文艺出版社，1987年版），过去有很多的图书都超过了这个数字，比如我们耳熟能详的一些红色经典，发行量超过百万的不是少数。那么今天畅销书的概念能够被业界内外重视或者反复提起，原因在于这些畅销书和我们以前说的那些畅销书的概念不一样。

当时很多图书发行量很大，但由于当时图书品种的稀少，它发行的数据如果以全国的图书品种总量作为参照，就很难确定畅销。更主要的是这些红色经典在当时是和主流的宣传配匹材料的，常常作为一种思想的辅导读物推广的。图书资源的匮乏，加之计划经济的特殊发行渠道，它们并非严格意义上的畅销书。

畅销书只能产生在市场经济的背景之中，上个世纪90年代中期以后，畅销书摆脱了80年代那种准地下的状态，（这种“准地下”说的不是那些非法出版物，而是在业界内得不到认可）开始登堂入室，余秋雨的《文化苦旅》开启了当代畅销书的航程。由于受到计划经济和纯文学概念的影响，畅销书的范围仍然是作家的专利，一些作家的重要作品也往往被当作畅销书包装出场，比如贾平凹的《废都》，比如卫慧的一些小说。而关于这些作家的作品的争论，也影响了当代畅销书的发展，尤其是一些专业作家对畅销书的热情受到了抑制。

进入新世纪之后，随着文学期刊的逐渐边缘化，随着文学自身的瘦身和泛化，也随着长篇小说创作的繁荣，畅销书的市场蔚然成型，先后出现了《狼图腾》、《杜拉拉升职记》等一些受到读者欢迎的小说，同时也出现韩寒、安妮宝贝、郭敬明、当年明月、慕容雪村等优秀的畅销书作家。

主导这些畅销书的推手很显然是商业运作，根据我对这些畅销书的初步调查，他们几乎全部来自于民营出版人之手，一些作家也是由某些公司进行整体包装进入市场。比如郭敬明的团队，就是一个商业运作的成熟模式。而引导这些畅销书的一个引擎，就是排行榜。畅销书的成功往往是通过排行榜的体现，继而排行榜又成为畅销书的风向标。虽然排行榜也是泊来物，但在当下中国图书市场也成为一种公认的游戏规则。一些机构和媒体适时公布榜单，比如开卷的排行榜，一些书店、媒体的榜单，都在为畅销书的涌现呼风唤雨。

在这些媒体当中，网络成为后起之秀，安妮宝贝、慕容雪村、当年明月就是网络制造出来的神话。他们都是在网络上成名之后进入纸媒出版的。纸媒的出版反过来又推动了他们成为网络达人。这样的畅销模式影响了图书的运作，一些出版人常常借助网络来进行畅销书的推广，往往在成书之后，在网上爆得大名之后，报纸、电视常常跟进宣传，再进行图书的市场运作。

知识·类型

畅销书的出发点是商业出版的模式，码洋、版税、利润是其终结点。但畅销书的形成并不以人的意志为转移，埃斯卡皮在《文学社会学》一书中，曾说过这样的话，一个青年小说家想通过一部小说稿挣十万法郎，比中彩票的概念还要低。炒作畅销书是所有出版人的理想，但炒作成功的概率是有限的。在“内容为王”的自由选择阅读的时代，再成功的包装，也必须依赖于图书的内容吸引住读者的眼球。而且由于图书市场炒作风气日盛，读者对很多夸大的包装已经产生了疲劳感。

以精彩的内容打动读者，是畅销书畅销的真正内核。当下的畅销书，在内容明显加强了知识性、实用性、娱乐性。《狼图腾》雄踞排行榜多年，达80个月之久，可以说成为当代文学的一个市场奇迹。《狼图腾》的策划人安波舜在谈到《狼图腾》用知性写作、诗性写作、神性写作来概括优秀畅销书的一些特点。如果说这些年文学强调诗性写作、神性写作而忽略了知性写作，那么畅销书在这点上对我们的文学是一个极大的补充。《狼图腾》是一部充满知识性的小说，很多方面都是非虚构的，关于草原的知识、关于蒙古族的历史、关于知青的故事，显然具有很深的社会学背景。作者姜戎是学者，丰富的知识面和学术功底让这部书成为一代人的新的《钢铁是怎样炼成的》。连姚明在美国NBA拼搏身边都要带上《狼图腾》。另一部小说《杜拉拉升职记》虽然说的是小白领奋斗晋升的事儿，由于带有某种职场指南的知识功能，也广受奋战在职场的青年尤其女青年的喜爱。畅销书在某种程度上重新恢复了文学的教科书功能，传播知识的同时，也传播人生感悟、社会经验。

畅销书的另一个特点，就是采取类型化的写作。类型化的写作是畅销书写作的最基本的形态，金庸的武侠小说、琼瑶的言情小说在80年代都是读者爱读的类型小说。风靡一时的《哈利波特》也是类型小说。新世纪的畅销书里也出现了种类不同的类型小说，像步非烟的新武侠小说，《诛仙》，蔡骏的悬疑推理系列，当年明月的说史系列，郭敬明的青春系列，安妮宝贝的言情系列，李可的职场系列以及鱼龙混杂的官场系列。

作为主流文化的延伸和拓展。类型小说并没有背叛文学的基本特点，而是放大文学的单项功能，有时甚至将某种单项功能放大到极致，悬疑、言情、推理等都是文学的基本元素，但这些单项的元素成为整体的框架之后，能够在阅读方面获得特别口味。类型小说的特点是分众传媒，某类小说针对特种的人群，符合这类人的审美阅读需要，满足、培养这类人的文化消费需求。类型小说很大程度上是“粉丝经济”，但作为为人民服务的文学，其实是应该考虑到读者的需求，而不是一味地强迫地去提升读者。优秀的类型小说总是在愉悦的阅读中传授给读者思想、艺术的享受。类型小说的程式化倾向比较明显，但优秀的类型小说的含金量和我们一贯倚重的纯文学是可以比肩的，像金庸的武侠小说已经被文学史家和“鲁郭茅”“巴老曹”相提并论，中国的四大名著也是从类型小说升华为经典的：《三国》说史，《水浒》武侠，《西游》灵异，《红楼》言情。

传播·挑战

畅销书在拥有文学的认知功能时，也在传播价值观念，整体上说来，畅销书并不以主题的新颖和深刻见长，而是实用的价值来成为读者的参照，这种价值观念往往是放之四海而皆准的常识性的。虽然是常识，往往对个体的针对性强，比如《狼图腾》里的拼搏和争先的价值观正是吻合了近三十年中国崛起的国民所需要的气质，而《杜拉拉升职记》更不是什么宏大理想，只是个人天天向上的自我奋斗。不过，由于畅销书追求猎奇、新异，一些说史的小说也常常跳出传统的历史观，按照今天职场、官场的价值来解读历史。因而畅销书的价值传播其实也带来了巨大的挑战，比如盛行一时的官场小说，写作者常常是一些官场之外的人士，他们对官场的理解常常带着某种偏颇，杜撰虚构一个不真实的官场，其传达的价值也不可信。另外一些说史和说古的小说，常常借着盗墓的名义传授一些不正确的历史知识和文物知识，甚至将早已被否定的迷信和伪科学的内容广为传播。畅销书有着很多的先天性的缺陷，在今天因为传播的迅捷和发达，缺陷也被放大。

而畅销书的受众面比较广阔，因而也会造成某种混乱。怎么做到传播知识而不造成混乱，怎么能够让读者喜爱而不危言耸听，怎么引人入胜而又不离奇古怪胡编乱造，都是畅销书需要处理好的关系。

还有“伪畅销书”的问题。这里包含两个概念，一是伪书，假托的，国人写的，而化名国外名家的。再一个就是商家炒作出来的畅销书，通过“买榜”来诱使读者消费。由于排行榜的畅销效应，一些出版人和机构就通过买榜（自己买书或收买制榜人）来制造伪的畅销书，这已经是图书销售中公开的秘密。

今天的畅销书虽然和市场经济的机制有着密切的关系，按照西方的畅销书理念很难加以简单判断，主要由于传媒的多样化和传媒的群众化，对畅销书的形态也产生了引导作用。以前媒体主要掌握在政府和资本的手里，但网络的博客和微博等自媒体出现后，形成了“群媒”效应，这种“群媒效应”在畅销书文化中也担负着推波助澜甚至导引市场的作用。网络的海量阅读需求让畅销书越写越长，越来越系列化，而跟风书的粗制滥造更是有垃圾化倾向。这些都是需要监控和管理的，精神食粮的安全也同样重要。

畅销书是当前流行文化的一个重要组成部分，流行文化大多数来得快去得也快，畅销书大多数也是速朽的，但经过时间磨洗而留下来的往往成为经典。经过读者发酵的作品，不一定是经典，但没有经过读者发酵的作品，很难成为文学的经典。这也许是畅销书给我们的启示。

2010、5、4于润民居

文学期刊的祛魅

近年来，文学期刊在边缘化的过程中也在努力地调整自己的办刊指向和读者定位，打开一些文学期刊我们发现，有淡化文学性的痕迹，创刊以来一直注重纪实文学的《当代》更加强调非虚构的篇幅，而《人民文学》、《收获》、《十月》等也在努力开辟一些栏目谈论历史、钩沉往事、访谈名家、追寻文化记忆，作为虚构的小说篇幅反而在减少，以往那种小说一统天下的局面被打破，而读者的阅读兴趣也从小说转向这些非虚构的栏目。

准媒体·窗口·堂会

文学期刊不仅在当代文学史上有着辉煌的业绩，在中国传媒史上也不可忽略。五四新文学的传统确立文学的灯塔、匕首、投枪的功能，确立文学启蒙的历史地位。文学期刊在一个图书出版周期漫长的时代里，扮演的角色是多种的，承载的使命也是庄重的，尤其在70年代后期80年代初期的中国，当时媒体欠发达，数量少而发稿程序复杂，文学期刊的快周期和审稿程序的简约让它充任了媒体的角色，因而获得了前所未有的辉煌和空前绝后的发行量。文学期刊的媒体性也非常明显，当时刘心武的《爱情的位置》发表后，曾让《十月》洛阳纸贵。而小说探讨的只是一个常识性的问题，爱情在我们的生活中要不要有一席之位，现在看来要笑掉牙。那个时候的文学期刊有着极强的辐射力和影响力。

90年代中期之后，随着电视的普及、报刊的快速增长，中国社会的媒体已经形成，文学期刊发行急剧下滑，但由于80年代的文学基础深厚、文学读者人数庞大，文学期刊虽然退出了大众传媒的视域，但在文学的粉丝仍有足够的市场，文学还是能够成为一扇了解中国社会、了解中国文学的窗口。尤其是中国文学的发展、中国作家的动向，还是要阅读文学期刊的。

进入新世纪之后，文学期刊的再度边缘化，让文学期刊渐渐变成了堂会性质，大多数的刊物发行量在几千册，那些传统的文学读者也常常借助于《小说月报》来重温当年的文学热。随之而来的是刊物的评奖热，但这些评奖有点自娱自乐的性质，自己评，自己得，少数人评，少数人得，变成了没有观众的堂会秀。而原先认为文学期刊是文学新人跑道的神话在网络时代也被无情地粉碎，姜戎、慕容雪村、郭敬明、安妮宝贝这些影响当下文学阅读的作家几乎没有在文学期刊发表过作品，便迅速成为读者喜爱的作家。而那些在文学期刊频频露面频频领奖的作家新秀则无人问津，文学期刊窗口的功能亦已丧失，因为从这里已经看不到文学发展的全貌。

对虚构的去魅必然

文学期刊这三十年的风云变幻，从峰巅到谷底的体验，让很多的办刊人反思文学期刊和文学的出路，因为一个缺少足够受众的载体，政府再重视，金钱再重奖重奖再多金钱，最后也难逃脱一种“准非遗”的命运。而文学本身是有足够生命力的，文学期刊虽然衰落了，但文学网站异常繁荣，文学读者虽然减少了，但一些作品网上的点击率超过了文学最盛时期的读者参与量。

《收获》是最早开辟专栏的文学期刊，1988年，余秋雨还是一个默默无闻的教授时，《收获》最早开辟了《文化苦旅》的专栏。“文化苦旅”兴起的大散文或文化散文的热潮，揭开了中国畅销书的序幕，至今仍未消褪。但在80年代的文学期刊的拼图里，散文是不受重视的，散文是比诗歌还要不受文学期刊的待见。一般文学期刊的设计是这样四大块，小说、诗歌、散文、评论，小说是重中之重，小说必须是头条。极少的期刊也发一发报告文学，但那时的报告文学基本是问题性的，到90年代央视有了“焦点访谈”之后，这类报告文学基本没有了市场，一些刊物的报告文学基本成为歌功颂德或创收的栏目。这种对报告文学的歧视，实际源于一种虚构的崇拜。这种虚构崇拜在1985年的文学寻根热时达到了顶峰。当时不仅对纪实类的文字排斥，甚至对写实性的小说也时有微词。抽象、符号、变形是被视为审美的最高境界。文学期刊在这样的审美思潮影响下，也常常把非虚构作为非文学的元素。

《文化苦旅》在当时并没有受到人们的热捧，也是可以理解的。因为《文化苦旅》属于非虚构类的作品，按照文学期刊的划分法，该属于游记类文字。在崇尚虚构的年代里，余秋雨没有获得足够的荣光，进入90年代以后，余秋雨因《文化苦旅》成为大众明星，而他的纪实性、打捞历史的文字也是对崇尚虚构文学风尚一次有力的祛魅。

“祛魅”一词来自德国社会学家马克斯·韦伯。1918年，他在慕尼黑大学发表了题为《以学术为业》的讲演，第一次使用了“祛魅”（deenchanted）这个词。他当时的原话是：“只要人们想知道，他任何时候都能够知道，从原则上说，再也没有什么神秘莫测、无法计算的力量在起作用，人们可以通过计算掌握一切，而这就意味着为世界祛魅。人们不必再像相信这种神秘力量存在的野蛮人一样，为了控制或祈求神灵而求助于魔法。技术和计算在发挥着这样的功效，而这比任何其他事情更明确地意味着理智化。”（三联书店2005年三月版《学术与政治》，冯克利译）。“祛魅”也译作“脱魅”。祛魅是对现代性的一种概括，现代化过程是去神秘化和神圣化的过程。

而文学本身的神秘化和神圣化来自于虚构的魅力，刘勰在《文心雕龙》中的这样描述虚构：“文之思也，其之神远，下笔远矣。故寂然凝虑，思接千载。悄然动容，视通万里”。这里从时间空间的两方面来言说虚构的“神远”，这种“神远”按照韦伯的“祛魅”理论其实是一种“魅”，是神秘莫测的。但进入新世纪时候，虚构的这种魅力在慢慢淡化，网上那些漫无目标的虚构，尤其是那些无厘头的穿越更让虚构变得不那么神秘。加之一些电影大片和网络游戏让虚构变成可以触摸的现实图像，人们对虚构的世界渐渐有些冷漠。对一些真实的历史和非虚构的现实，则情有独钟。《明朝那些事儿》是一部今年来广受欢迎的网络小说，原因在于作者用今天的视角来解读历史，如果用虚构的方式来写作一部历史小说是很难获得如此多的读者认可的。

在这样的情景下。我们在《人民文学》、《收获》、《当代》、《十月》等文学刊物上读到了李辉等人的文化钩沉，也看到一些文化名流的回忆追述，当然也有慕容雪村的便衣潜入到传销组织的卧底实录，无论是文化史实还是现今实录，一个重要的特征都是非虚构，都是可以找到现实依据的文字，而不是凭空想象的产物。这是对流行多年文坛虚构神话的彻底颠覆。

文学期刊的这种祛魅的办刊指向，一方面是适合读者的阅读需求，另一方面也是一个实用主义社会的价值折射。当理想和信仰在场的时候，虚构是具有魅力的，假的也变得那么真实。当理想和信仰缺席的时候，再华丽的虚构也随之变得空洞，人们在阅读需要的是实感、实用和实际。

想象力仍应是文学的灵魂

当然某种程度上也说明了文学期刊的中老年化特征，因为在年轻的网络文学作家里，虚构不仅“思接千里”，“视通万里”，作家能够大胆想象虚构，穿越时空，古今同台，历史与现实对话，未来也与现实对话。年轻一代开启的穿越写作，是想象力的大解放，也是虚构主义在网络新平台的狂欢。而文学期刊那些新设的文化意味较强栏目，多半是回忆性的文字，而忆旧正是老人的思维特性，也就是说传统文学期刊的读者正步入中老年。

纵览当下文学期刊的改版意向，给人似曾相识的感觉，很容易让人想起上个世纪80年代的《读书》杂志，文化人写文化人，文化人看，因而《读书》成为一代文化人成长的摇篮。之后《读书》改弦易张向学术性强的期刊转向，而现在文学期刊似乎有重返当年《读书》的文化格局，给人时空错位之感。但我认为文学期刊尤其是中国作协系统的文学期刊本身担负着培养文学新人、传播优秀文学作品功能的职责，尤其对虚构能力的推崇，更能体现一个国家的文化的软实力。虚构能力是一个民族想象力的基础，而想象力又是一个民族创造力的外在特征。中华民族文化能够影响世界更大程度上在于屈原、李白、苏东坡、曹雪芹等想象力超群的作家。

在当下实用主义大于理想主义，经济利益浓于精神诉求的语境里，文学、文学期刊似乎在强调实感、实用、实际的同时，更应该注重对人的灵魂的抚慰，缅怀历史、挖掘文化是一种向后看的抚慰，正视当下、展望未来、弘扬理想是一种向前看的抚慰。前者是针对过来人的，后者是面向青年的。而文学本身是青年的，失去了青年的文学是没有生命力的。

2011、4、24于润民居

微博的N种说法

记得今年的七月份，我写了一篇关于“博客是一种软文学”的博客贴在新浪的《王干作文大解放》，探讨博客作为一种软文学的特性。没想到一两个月后，我又接触到一个新概念，叫“微博”，各领风骚多少天？不是我不明白，这世界变化快。微博，简言之，就是微型博客。俗称围脖，有趣的说法，围脖不是正经服装。这“微博”之微，就在于它有字数的限制，每篇博文不能超过140字，当时我私下嘀咕，怕不是按两条短信的字数来限制的吧。后来问新浪微薄的专业人士，果然是按两条短信的字数设定的。微博据说来自Twitter，所以新浪的微博是t.sian.com。当然新浪没有完全克隆Twitter，融进了很多新的元素，比如评论、私信、图像等等。

这微博风乍起，便吹皱了一池春水。虽然没能翻江倒海，但经新浪的热烈推广，大有成为博客之后的第二高潮。而姚晨和徐静蕾成为微博和博客的双峰并峙，也成为一大景观。《中华文学选刊》有感于这样一种新的文体形态的出现，决定在明年开辟《微博精选》的栏目，以最快的速度将微博之民的智慧呈现给读者。

11月25日上午，《中华文学选刊》召开微博文学座谈会，被网友戏称为围脖一大。人民文学出版社社长潘凯雄到会，体现了人文社对微博这新事物的关注和热情。之所以将微博冠之以文学，我觉得目前微博文学性还是大于传媒性。它在个人性、文本的修辞性和情绪的无遮蔽表述上，和文学诸多面是“切割”的。后来《文艺报》发消息时，以为我打字出现错误，将“切割”改为了“切合”（含契合之意吧）。我用的拼音输入法，是有错字讹字，但这“切割”没错，且是刻意用的，因为我目前看到的微博，除了那些饭否睡否浴否之类的流水账外，一般文人和文人的微博，包括一些明星的微博，都自觉不自觉地引进了一些文学的习惯性话语和修辞手段。格言式的，世说新语式的，微型小说式的，谜语解谜式的，歌谣式的，短诗式的，和文学形成某种对立和互补，好像是切割开，但又关联陪衬。

当然，对微博的定义，会议前因为我在微博上发布消息，所以在微博上就已经展开讨论。连蓬说“围脖未来作用：1.网友可获最新、来自第一现场快讯。2.追踪朋友最新动态。3.追踪明星或偶像最新动态。4.公司企业资讯交流工具。如新产品上市前通过围脖寻求消费者意见。5.特殊销售管道。如企业可在这销售些特价商品。6.监测民情、舆论、流行发展趋势的管道。政府机关政策或消息，可透过围脖延伸”。杜骏飞认为，“微博的功能首要是社会交往，其次是信息分享，其次是思想对话，其次是情感交流，然后才是文本修辞。”云霄说，是口碑重镇。北方说，微博是大排档，属于大众，你可以穿着体面，也可以满身油渍，它不会带来什么效益，也不太影响市容。而新浪执行副总裁陈彤看来，博客和微博本质上是不同的东西，却又有些近似性，关键在于微博这种即时性书写平台，引入了社交网络的关系结构。

会议前就有了各种说法，会议的热闹程度也就可想而知。盛大文学的代表颜桥认为，微博是个聚合物，能够整合虚拟的朋友，理想的信息平台。对写微博的人来说，还是个人的对称的镜像。每个人希望看到现实生活中的另一个我，而微博的记录功能能够塑造一个镜像式的自我。微博对自我形象的虚拟性塑造，某种程度加深了它的文学含量。新浪微博的编辑认为微博是对自我形象的真实塑造，他们举了姚晨和赵薇，微博展示了她们有别于影视的形象。传媒学博士王樊一婧（不是日本人，是新疆汉人）说，微博是对自我形象的第二次塑造，微博的主要功能还是作为媒介存在的。这次座谈会，本来想通过微博转述的，但我社会议室网络出了小故障，我只能通过手机发了两幅照片。代表发言气氛很浓，会议直到十二点又三十分，要不被打断，现在还要争论下去。

本来与会的张颐武教授因参加央视某论坛不能前来，但发来观点说，微博像女孩子的裙子，越短越吸引人。会上还产生了一个在微博上流传的句子：微博是网络化时代的俳句。我个人喜欢俳句说，它更接近文学，而且因为有了140字的限制，像五言七言一样，在限制中有了创造的可能。没有这140字的限制，就是一般bbs。

我们这些说法在新浪的朋友看来很浪漫，他们则说，微博是他们的一个新的产品，他们力推的新的产品。从新浪的朋友介绍来看，微博是一个具有覆盖性的庞然巨物，有野心和宏图大志。当然这不影响微博的文学性甚至文体的创新性，因为以往的实践证明，网络的各种形态在中国是最容易文学化的。

搜索本人的微博，发现本人居然也有为微博做定义的文字，当然也是对微博的期待。

博客是标题党，微博是短裤党。目前的微博短（140字），段（讲段子为主），围脖成了短裤。没有产生话语风暴，也没有爆料，短裤段料（尿）出不来。话语领袖期待中。

俳句说在微博上传播之后，著名出版人路金波写道：谈“围脖文学形态”还早得可笑。我甚至从未发现有人在实践中将其视作创作平台。倒是有一点，140字数限制，能够逼迫作家锤炼语言。去掉那些惯性的形容词副词，使文字更多动词，更简洁干净有力。而过去的网络创作，常常因为肆意而无节制，把作家的语言弄坏了。起点上动辄上百万字巨著，简直使人恐惧。”

2001年我曾将网络时代的来临，尤其针对网络文学的浩如烟海的庞杂无序，称之为“灌水时代”，后来将自己的评论集也取名为《灌水时代》。因为网络的无门坎进入，也因为网络的海量信息，没有了限制，语言的含金量、语言自身的尊严受到了挑战。语言尤其作为传播交流的书面的语言，应该有某种自律的律存在着。微博虽然不见得就是天条式的“律”，但毕竟让网上的灌水者有了律了，不能有水就灌了，要去“炼”，从水中炼出油来。语言的限制让灌水变为炼油，微博的俳句说，固然有些文学青年化，但至少告诉我们网络的法则、网络文学的法则会慢慢形成。

当然，微博是一个正在生长的未知的形态载体，刚刚萌芽抽枝，以后长成什么样，恐怕连它的主人也难准确控制，就像一棵树，是有自己的形态的。就像一个孩子，家长最后也难完完全全在他身上完成自己的设计。生命的生长往往突破人的意志。

2005小说：在回家的路上

新世纪的文学在不经意中已经走过了五年，显然文学的新世纪并没有带来特别的新变，和2003、2004年的小说创作相比较，2005年的小说似乎在酝酿某种聚变，虽然缺少精彩的小说事件，但小说的内容丰富多姿，小说本身在发生分化，小说家的“群”的形态渐渐清晰起来，而名家新的长篇小说以一种扎堆的方式涌现，好像在表明要从量变走向质变。

迹象表明，小说家们在慢慢地向一种目标转回，这一目标可能并没有事先约定，而且回的路径和方向也并不一致，但他们都在经历了艰辛的探索和探索的欢乐和苦恼之后所做出的选择。我选择了分类的方式来对2005年小说进行描述和分析，类别的选择也是抓住热点的作品，并不是作文体分类学意义上的阐释。

一. 长篇小说：名家冲刺经典

一如既往，长篇小说依然是该年度的重点和热点，2005年似乎是名家长篇小说作品大聚会的一年，这种创作周期的巧合，让2005年的文坛色彩斑斓，目不暇接，贾平凹的《秦腔》、曹文轩的《天瓢》、余华的《兄弟》、史铁生的《我的丁一之旅》、东西的《后悔录》、毕飞宇的《平原》、阿来的《空山》、王蒙的《尴尬风流》、韩东的《我与你》、刘醒龙的《圣天门口》等，都不约而同地出版，让读者也让评论家在享受大餐的同时，有些消化不良。

这种创作周期的巧合，说明当代创作的中坚力量在聚集能量向经典冲刺，一个明显的特征就是作家们对自己的创作进行某种梳理和调整。这种梳理和调整表现在作家们对以往熟悉的生活和题材的“重写”，这种“重写”让乡村叙事在2005年表现得极为复杂和显眼，虽然多事的评论家在那里呼吁都市文学，但作家们一想到大动作就条件反射地回到他们的乡村。贾平凹的《秦腔》和《怀念狼》、《病相报告》等长篇相比较，在于放弃了都市和文人的叙述态度，而回到他熟悉和深爱的家乡，商州是他创作的根据地，这次回家是让他重新描述家乡这些年的变迁，为旧的家乡的消逝唱一曲挽歌。《秦腔》里有了大悲悯和大人道，是“知天命”之作。曹文轩的《天瓢》和毕飞宇的《平原》取材于相同的地域文化，也折射了他们个人创作的浓郁的个人记忆。《天瓢》那美好的意象不仅是《草房子》的延伸和扩展，也融进了新的价值观和人生感悟。《平原》在继承《玉米》优点的同时，对社会和人生的参悟也在努力进入新的境界。

名家们在回家的路上，几乎都回到了讲故事的叙述道路上。故事曾经是小说最基本的要素，但在前些年的小说革命和文体革命的风暴中被视为低能的小说技巧，也出现过像《马桥辞典》冲刺小说极限的反小说作品。余华的《兄弟》是让评论家比较意外的小说，和他以往注重理念、讲究文体韵味的作法相比，余华对自己进行了一次颠覆，这一次他追求的是“好看”，四十万册的发行量说明他的目标已经实现，故事的魅力让余华体会到畅销的快乐。王蒙的《尴尬风流》和他以往汪洋恣肆的文风相比，是一次健康的瘦身，简洁、朴素，没有多余的修饰，注重细节和对话，几乎回到了《世说新语》和《阅微草堂笔记》传统文人小说的形式。史铁生是当代作家中讲究形而上意味且比较成功者，新作《我的丁一之旅》与他的《务虚笔记》相比，淡化了形式主义的文体色彩，也开始回归到人物命运的描写上，情节的生动性和细节的刻画更为感人。

东西的《后悔录》在2005年的小说中显得颇为卓尔不群，他在保持以往对小说艺术执着追求的同时，融进了哲学、文化、人性的多重探索，而探索本身并没有放弃小说基本要素的创新。曾广贤永远处于后悔而不知忏悔的文化性格状态，并不是一个抽象的理念的诠释，是人物自身命运的写照。阿来的《空山》和《后悔录》一样也不是全知全能的叙视角，讲述的是“文革”期间的荒诞故事，依循的是经典写作的路子，刘醒龙的《圣天门口》洋洋洒洒百万字并不是网络“灌水”的写法，对人物和细节的描绘极为认真和讲究，意在制造一种宏大的史诗效果。

这些名家的长篇小说新作显然厚积而发，史铁生、余华、阿来、东西、刘醒龙几乎都是十年一剑：王蒙的《尴尬风流》写了七年成章；韩东的《我与你》改了三稿……在一个相对浮躁、文学市场骚扰作家心态的年代里，这些作家仍然保持良好的敬业精神和追求经典的理想。让人感到遗憾的是，出版市场还是对作家的写作有些制约。比如余华的《兄弟》上半部就匆匆出版了，阿来的《空山》也只是他花瓣式长篇的一部分，对广大的“粉丝”来说提前出版的内容有解渴的功能，但作为完整的创作和阅读来说，总有些缺憾。当然，文学创作尤其是长篇小说的创作，有很多特例，《红楼梦》就是一部没有完成的经典，成了断臂维纳斯，反而流传下来了。而当代长篇小说历来就有“半部杰作”的宿命，余华和阿来的这次尝试，或许是对这一宿命的挣脱。

二. 情爱小说：欲望的退潮与真爱的滋生

情爱小说是这些年小说的一个热点，与此相关的概念是“爱情小说”、“情色小说”、“婚姻爱情小说”等等，有时还涵盖到女性小说，这些小说关注的是爱情与伦理、爱情与婚姻、爱情与道德，情与欲、情与性、性与道德、欲望与人性构成了这些小说的基本冲突。前些年，一些新生代的作家被人称之为“欲望化写作”，指的是这些作家热衷于人性之欲望层面的挖掘，并和商业时代的金钱幻想混合到一起，游走在城市的边缘，构成了五光十色的都市化景观。

这些伴随商业化浪潮在年轻一代身上产生的精神眩晕和欲望喧嚣，是对多年来文学重道轻情、重德轻欲的反动，也是市场经济的浮躁心态在小说里直接的表现。欲望化写作后来还被上升到身体写作的理论演绎，这种释放了的身体叙事像章鱼张开所有的触角，所有的感官在一个前所未有的自由空间里得到了预支性的放纵。说是预支，是因为这些欲望化的身体写作小说里，超出了他们自身的消费能力。最典型的就是后来出现的“下半身写作”群体，他们将身体写作推向极致，写作被剥离了更广阔的社会内容，甚至超过了弗洛伊德的精神分析潜意识理论，潜意识变成了赤露露的性意识、性内容，身体至上、性至上取代了文学的丰富性。诚然，这对于多年被遮蔽的身体是个发现，但身体本身也是肉身，其内在含量也是有限的，肉的真正内涵并不是人性的本质。身体写作以及由此带来的下半身写作虽然很时尚，甚至很刺激，但有限的身体资源并不让作家无限消耗下去，因而这种欲望化的写作热流必然会慢慢退潮。

2005年的情爱小说似乎在印证这一退潮，虽然小说的“欲望”痕迹仍在，“身体”也经常在场，但已经被另外一些呼唤真情、追求真爱的情爱小说慢慢覆盖。特别是女作家的创作的转向尤为明显，方方、严歌苓、迟子建、须一瓜、裘山山、乔叶、张慧敏、叶梅等写出了剥离了欲望写作的影响，在家庭婚姻情爱类小说中重现真情。方方的《中北路空无一人》（《上海文学》2005年第5期）写一对父子的冲突和亲情，写生活的困顿和精神的矛盾，写小人物在困境中挣扎，显现灵魂的真诚和无奈。而严歌苓的《金陵十二钗》（《小说月报·原创版》2005年第6期）是献给世界反法西斯战争胜利六十周年的力作。它再现的是震惊中外惨绝人寰的南京大屠杀中似乎微不足道的一个角落：用尽撒泼耍赖之能事才赚得教堂庇护的秦淮河畔风尘女子，素来被自视正派者所鄙视、厌恶、唾弃的，谁能想到她们会有舍身饲虎的勇气和拯救天使的辉煌呢？有点像《羊脂球》，但女性不只是简单的回归。须一瓜的《有一种树春天叶儿红》（《收获》2005年第2期）写爱的执着，所以充满怀疑，她就是陈阳里。处心积虑地摧毁了另一个女人的纯洁爱情，轰然倒塌的却是自己灵魂的底线。或许只有天堂才有美丽的爱情？乔叶是近年来出现的新秀，她的写作显然受到过前些日子流行的写作理论思潮的影响，但一开始已努力超越身体写作的局限。她的《取暖》（《十月》2005年第2期），从人物格局上看是承袭了那么一种类型，一个是大年夜被父亲赶出家门流落到小镇上的、因强奸罪入狱而减刑出狱的年轻人，一个是镇上人带有暧昧语气谈论着的独身带女儿开着“小春饭店”的女子，但他们在大年夜的相遇，出乎意料的结局，如沐冬日暖阳的温馨。

男作家的创作也有异曲同工之处。孙春平的《怕羞的木头》（《人民文学》2005年第4期）里，女研究生为了反抗生活中的庸俗和算计而放弃了她拥有的机会和利益，在物欲横流望的今天，由生活之泥泞出发，努力求证纯洁、高尚的精神向度。阿宁的《米粒儿的城市》（《北京文学》2005年第8期）里的米粒儿是一个进城的外来妹，只不过她拥有着一种纯洁而干净的美丽，这正是城市中所紧缺的元素。米粒儿做过保姆、住过别墅、又成为银行行长的情妇，却依然没有放弃心中的追求和坚守。衣向东的《女出租车司机》（《小说月报·原创版》2005年第5期）、余泽民的《匈牙利舞曲》（《当代》2005年第3期）、张慧敏的《柔软的石头》（《百花洲》2005年第1期）、叶梅的《乡姑李玉霞的婚事》（《民族文学》2005年第4期）等，都是在对当下生活里复杂情感的描绘中对真诚和美好的呼唤。

或许裘山山的《少女七一在1973年》（《江南》2005年第4期）可作为这种真诚和真爱的呼唤的一种抽象，她描写的是1973年，一个女中学生如火的青春，希望却像美丽的肥皂泡一样飞得很高，又碎得不着边际，多少走过那个时代的人可能都会曾有过如此的记忆吧。这样一篇充满怀旧情结的小说，正是小说回家、回忆、回归走向的一个表征。

三．青春和网络：在告别秋意中成长

把青春小说和网络小说放在一起说，首先是因为这两类文学都是近几年来新兴起来并吸引了大量眼球的品种，他们在一定范围内冲击传统文学的领地，并动了传统文学的蛋糕，有一批年轻的读者喜欢这样两类的文学。其次，这两类小说在很多方面都对传统文学的方式进行了一些颠覆和消解。第三，他们这些作家大多与主流文学和文化采取比较低调的姿态，在行文风格方面也往往泼辣而大胆，不拘一格。在整个情绪上相对比较灰，北京大学曹文轩教授用“秋意”形容“80后”的写作是比较生动的，用在网络小说上也是合适的。这种“秋意”是过早地看透人生和世界，过早地触摸到人生的底线和人性的底线。在某些方面与欲望化写作、身体写作有着千缕万丝的联系，也是这个时代文学另外的通道和表达方式。

也许触摸到人生的底线和人性的底线并不是一件特别难的事情，表达丰富的人生和丰富的人性才是文学永恒不变的主题。经过了几年的动荡和喧嚣之后，网络小说和青春小说在不约而同地向传统妥协和认同，这种妥协和认同，就本身而言，在于网络小说向纸质媒体的转换，对青春小说的作家而言，随着年龄的自然提高，他们的愤怒的燃点也在提高。更大的原因在于传统文学还是有巨大的包容性和消化能力，没有拒绝也无法拒绝这些新人类的加入。

2005年的青春小说在经过前几年的井喷期之后，显得相对平稳和温和，韩寒、郭敬明、李傻傻、春树、彭扬、张悦然、蒋方舟、胡坚、叶子等在新的一年里都没有写出能够超出他们自身成名作的力作来，看得出来这些“80后”在进行某种调整和补充。在高密度和高强度的释放之后，进入了他们创作的新周期。张悦然的《儿童不宜》在保持她以往才情的同时，明显现出非青春、非愤怒、准成人的写作路数。倒是一些新的青春作家开始崭露头角，像潘萌、徐璐、徐飞、张悉妮这样一些后“80后”的中学生写出了一些与韩寒等不太一样的新青春小说，呈现出他们这个年龄应有的阳光和烦恼。我在去年曾著文把这种相对清纯的写作称之为“阳光写作”，当然是一种美好的愿望。或许“秋意”已被韩寒等写尽了，或许这样年轻一代的家庭或经历上有些差异，潘萌等人写作的亮度有所增加。潘萌的《时光转角处的二十六瞥》语调平静地记述每一次的聚散离合，字里行间感情依然汹涌，全然不似不谙世事的小女生。而徐璐的《忽然长大》依旧属于成长小说的范畴，但在这个一点点挣脱旧躯壳注入新血液、缝合旧伤口长出新骨肉的过程中，学会了感激。

相对于青春小说而言，今年的网络小说的实绩比较可观，尤其是顾坚长篇小说《元红》的出现，是继慕容雪村《成都，今夜请将我遗忘》之后又一部很有分量的作品。这部小说是真正意义上的网络原创作品，作者并不像惯常的那些网络小说是写好后贴上去的，而是像传统的连载小说那样——一边写一边贴——在网友的鼓励下写就的。更重要的是《元红》的写作风格和《成都，今夜请将我遗忘》产生了断裂，一反那种欲望化叙事的灌水文风，作家秉承的是沈从文、孙犁、汪曾祺那样一些经典作家的文学精神，著名作家莫言称《元红》“文笔缠绵、感情真挚，一个男人丰富的人生经验与斑斓多彩的乡村生活如风俗画般徐徐展开，给人以诸多情感启迪和美的感受”，著名评论家李敬泽则看出来“细节的力量”，“老故事总是有效”。小说主人公存扣的成长不仅是个人的成长，也折射了多年来中国社会的变迁。另一部网络小说《双面胶》是由旅居海外的女作家六六创作的，写的是当下城市生活中婆媳关系的冲突，老主题、老故事因灌输了新的时代内容产生了新的阅读效应。

不难发现，网络小说与传统文学，已然经过了最初的各行其是、互相试探的阶段，从眉目传情互通心曲发展到互动格局的形成，说明文学的面、文学的疆域在扩展。

四．悬疑小说：故事的再生和消费

悬疑小说是近年来新出现的一个小说概念，在传统的小说分类学里是没有这一类的，悬疑小说的出现是近年来图书出版活跃的结果。悬疑小说的内容包括原有的推理小说、侦探小说、灵异小说、奇幻小说、恐怖小说等小说品种，往往是在一种小说的基础上融合其他小说的一些技巧和手法，构成独特的景观。作为商业小说的品种，在国外发展已经成型，并且出现了像斯蒂芬金这样的悬疑小说大师，最近丹·布朗的《达·芬奇的密码》在国内翻译出版，发行量直线上升，引起了出版界和创作界的注意。

当代的悬疑小说最初也是出现在网络上，近两年异常红火，不仅网络写手出版悬疑小说，一大批原先从事“纯文学”甚至先锋文学的作家也加入到悬疑小说的写作当中，像新生代代表作家之一的丁天现在就是悬疑小说的优秀写手，而蔡骏、周德东、李西闽、老猫、成刚等悬疑小说的代表人物，原先在传统文学的领域里都有过不错的表现，因而他们的作品改变了传统推理悬疑小说的内质，特别在人物塑造和语言的运用上，都极大丰富了这类商业小说的艺术内涵。这些含有大量商业元素小说的出现，为原先有些疲乏和单调的文学出版业灌输了新的激活剂，以至于2005年被出版界的人士称为“悬疑小说年”，因为差不多其他文学图书的品种都在减少，而悬疑小说写作和出版方兴未艾，继网络小说、青春小说之后来瓜分日渐淡薄的文学市场。

悬疑小说把文学虚构的功能推向极致，其特点是极大可能地发挥人的想象力。在文学界普遍感叹想象力匮乏的同时，悬疑小说的作家们用他们的创作实践在丰富文学的想象力，把文学的虚构功能和商业功能巧妙地嫁接。2005年出现了中短篇悬疑小说的创作热潮，莲蓬、成刚、一枚糖果、麦洁、嫣青、七根胡等网上悬疑高手的中短篇小说在改变悬疑小说的形态，因为悬疑小说一般都以长篇小说或连载系列小说的方式出现，以中短篇方式出现其实是依照所谓纯文学的创作思路进行创作的，这说明悬疑小说的一只脚已经踏进了纯文学的门槛，不管你愿意不愿意，小说家族这一新丁肯定要挤进来。

悬疑小说的一大特点就是让小说重新回到故事的层面来，让故事具有消费功能。我们这些年来在注重小说审美功能的同时，往往贬损小说的故事消费功能。小说的故事消费功能肯定不是小说的最高功能，但却是小说的基础功能，是小说的物质基础。再美好的思想功能、语言功能如果放弃了最基础的建设，往往容易建成空中楼阁。

悬疑小说在当代文学创作中还处于草创阶段，不少仍是网络文学的传播方式。但它对于小说想象力的提升和小说市场的开拓，是会有些启迪的。

或许小说离家出走得太久了：小说抛弃了人物，小说抛弃了思想，抛弃了故事，甚至抛弃了情节，在一条高蹈的道路上，以踩高跷的姿态摇摇晃晃表演着个人的狂想和梦呓，全然不顾观者和读者的感受。2005年小说开始回家了，这是妥协，也是进步。妥协是作家的个人主义文学观受到了制约，进步是文学在螺旋式地上升。

2005年圣诞节于润民居

盛世晚熟的一代

别说和王蒙这样的老一代作家比，就是和莫言、贾平凹、铁凝、王安忆这样的中生代作家相比，70年代出生的作家也算得上“晚成”。王蒙这一代作家在20岁左右的时候已经崭露头角，王蒙19岁时完成了长篇小说《青春万岁》，刘绍棠更是被视作神童，他上中学时教材已经选有他的小说《青枝绿叶》，而莫言这样一代作家在30岁左右时也写出了自己的代表作，莫言写作《透明的红萝卜》时30岁，贾平凹的《满月儿》获全国短篇小说奖时也才25岁，而铁凝发表《哦，香雪》时也才26岁，王安忆发表《雨，沙沙沙》也是26岁。当然比之王蒙那一代作家来说，莫言们似乎晚了近十年的时间。

70后男作家如果是1970年出生，该是43岁了，如果1979年出生的也是34岁了，和他们的前辈比起来，他们是有些惭愧。更主要的是他们缺少旗帜性的作家，也缺少代表性的作品，我们可以用王蒙们指代老一代作家，用莫言指代中生代作家，但70后作家很难找到一个符号性的指称。“70后”虽然概念早已流行，但概念下面却是指向不明的一群未成熟的青果。

古言说，国家不幸诗人幸。社会生活、人生阅历对文学创作的影响是至关重要的，一个优秀的作家他背后沉淀的是民族的历史、社会的风云和个人的遭际。缺少社会历史生活的作家是很难写出震撼人心的大作品来。王蒙这一代作家的早熟，与缺乏正常的学生生活有很大关系，与他们在共和国成立之前所目睹到、经历到的民族的灾难和家庭的困厄有着千丝万缕的联系，他们经历旧的中国向新的中国的转折，而新旧社会的差异在他们心灵中产生的震荡是很难在常态下达到的。他们对社会的敏锐观察，对人生的超级感悟，让他们在一个新时代率先歌唱、出击、沉思，当然后来的“右派”生涯更是为这种人生横添了更多的元素。而莫言一代作家基本是50年代出生的一代，他们经历中国社会最频繁的政治动荡，也经历了贫瘠甚至饥饿。他们从风口浪尖到社会底层，对社会横断面的了解极为深刻，丰富了他们的人生经验。他们在学生时代或许感受不到太多的刀光剑影，一进入社会就被时代的风暴、社会的大潮卷入，催熟了他们。

70后作家，算得上真正的“生在红旗下，长在甜水里”的一代。在上个世纪70年代出生的人，一般来说是没有遭遇饥饿、灾荒的，虽然文革后期有过物资短缺，比之50年代和60年代的灾荒和饥馑来说，已经是富足了。1976年10月粉碎四人帮以后，曾经席卷中国社会的政治运动也停息了下来。中国社会在邓小平发展经济的大旗下，进入正常的社会生活。前辈们屡见不鲜的战乱、革命、运动、饥荒、斗殴、群众事件被日常生活的琐碎、平庸和清淡所代替，那些惊心动魄的你死我活的斗争淡出了，张承志有些失望地将这个时代称之为“小时代”。和轰轰烈烈的革命时代相比，这30年的生活确实不够波澜壮阔，确实是常态化的社会生活。所以70年代出生的人基本都能完整地享受自己的学生生活，从小学到中学，从中学到大学，也就是说，作为一个70后的作家走完正常的学生生涯已经是20出头的人，而不像王蒙、莫言前两代人的学业过早荒废，过早地被抛向社会，在20多岁的时候，已经是社会的中坚了。70后在20岁出头的时候，才开始找工作，才开始真正接触到社会的面纱以及面纱之后的社会。而两代作家相比，这个年龄正在被流放到边疆、乡村、荒野，正在社会的底层挣扎、抗争。两相比较，70后的作家阅历是那样的苍白，期望他们写出包含高容量的社会性强的小说来，只能是缘木求鱼。因而在相当一段时间内，70后作家的沉默也是必然的，同样也是可以理解的。生活、阅历、社会经验是一个作家的最基本的资源，想象力、创造力、爆发力都是建立在基本资源之上的。没有生活的铺垫，没有社会的孵育，一个作家的创作必定是无本之木、无水之源。因而，晚熟对于70后也是一个必然的结果。

或许有人说，在本世纪之初，70后女作家曾经以“美女作家”的番号在文坛内外兴起了短暂的热潮，甚至一度让人感觉到70后登堂入室取而代之了，但当时的浪花很大但泡沫平息得也非常迅速，一些作家很快消失，仅存的作家也改换门庭，进入痛苦的蜕变期。到如今，不仅让人发问：美女作家安在哉?这倒不仅仅是大自然的规律让红颜极早消失，而是她们的开端是逆文学规律而行的，她们及其幕后的策划者想在商业和文学之间找到一个捷径，在时尚和传统文学间架起一座立交桥。但历史很无情，美女作家借用了时尚包装的某些因素，因而短时间爆红流行，颇有流行歌星的范儿，但流行时尚的特征在于骤聚骤散，来得快，去得更快。尽管有学者想用身体写作的概念来包装，但比之更大胆的下半身写作迅速将身体写作覆盖。之后70后女作家群体瓦解，烟消云散。应该说，卫慧、棉棉等人的创作在文本意义上是有些探索的，并不是纯粹的商业性写作行为。但商业性的包装覆盖了她们在文本上的探索意义。而且最根本的是，她们被遗忘、被覆盖的根本原因在于创作资源的匮乏。她们的创作基本是源于对自我的书写，尤其是对自我身体状态的书写。但身体是有限的，生活是无限的，容貌是有限的，心灵是无限的。她们在20多岁蹿上文坛，可谓早熟，但文学需要持续的写作能力和连续不断的作品问世，她们超薄的阅历可能比她们的衣衫还要薄，她们对自身的深处的过度开采不能掩饰她们肤浅的社会生活资源。因而，息影文坛，或转向新的路径是必然的。

当然由于“80后”的早熟也使得“70后”前进的步履更为迟缓。以韩寒、郭敬明为代表的80后作家的写作直接与市场对话，不像70后美女作家犹抱琵琶半遮面，在商业化的后面拖着一个长长的纯文学的辫子，这使她们的文学和市场都做成了夹生饭。而80后的写作彻底与原先的纯文学的传统断裂，当然他们的写作也面临着资源短缺的问题，所以郭敬明直接选用的玄幻模式，以天马行空的非现实场景来取悦于年轻一代的读者。而韩寒则依借网络采用时评随笔的方式，成为新传媒的代言人。虽然80后在商业上取得巨大的成功，但也由于生活和阅历的限制，影响他们向更大的境界迈进，以至于今天有人开始哀叹80后怎么老得那么快呢？未老先衰是缺少创作动力的表示，这种动力的衰弱很大程度在于早熟导致的早衰。

在这样的时刻，70后作家缓缓登场，或许如果没有莫言获得诺贝尔文学奖的冲击波，人们可能将这样一群人遗忘，当然没有80后作家的衰退和萎缩也显现不出他们的存在。莫言得奖昭示着纯文学的写作在当下中国依然具有主流的位置，70后作为正宗的文学传人理所当然地凸现出来。而70后作家尤其是男性作家在经历了成家立业、社会打拼之后，销蚀了身上的青涩和浪漫，他们开始正视生活的严峻感受到历史的沧桑，因而他们的写作洗脱了早期先锋派的形式主义意味，沉浸到对生活、对人生、对人性的感悟和思考中，因而在创作上开始呈现出新的审美意向和文学态度。他们特别擅长描写新的城乡关系带来的人性冲突，像陈仓的《父亲进城》、《女儿进城》写出了时代巨变对亲情、血缘的影响，而刘永涛的《我们的秘密》在透现所谓真相带来的异变，重新审视人的异化问题。而弋舟的《等深》在对下一代的成长的关注中，写出了时代的软肋：少年对生命的冒犯谁之过？这些70后作家的落笔、切入摆脱小视角、小情调，不再是游走的一代，而是有担当的成熟一代。

虽然这种担当，这种成熟，来得晚了些，还缺少大作品来支撑，但他们毕竟出现，而且也渐渐找到了自己的方位，他们的坚实和丰富是文学发展的希望。

2013、6、9于润民居

THE LATEST LITERARY CRITICISM BY WANG GAN 论人

当技巧已成往事

——读王蒙的《尴尬风流》

20多年前，我对巴金老人那句“最高境界无技巧”的格言老是不能释怀，如果不是出自巴金老人这样德高望重言行真诚的长者之口，我会认为是一种矫情。后来读到汪曾祺说小说的结构是“随便”时也不能理解，后来读到老先生在评林斤澜的小说时用了“刻意经营的随便”来形容文章的结构时，心里才有些踏实。对我们这些在80年代文学新潮中长大的一辈来说，技巧往往看得很重，所谓“形式即内容”的宏论在我们的心中还是翻腾过不小的波澜的。在结构主义符号学的热潮中，技巧和形式是那么地具有魅力。

多年养成的阅读习惯，使我对文学作品的形式和技巧有一种本能的敏感。一部内容再优秀、思想再新颖的小说，如果在形式上没有积极的探索和创新的意识，读起来总感到有些缺憾。可最近读了王蒙发在《长篇小说选刊》上的《尴尬风流》之后，我忽然对巴金老人的“最高境界无技巧”有一种顿悟：当我们拼命追寻技巧时，我们并没有获取技巧，反而丧失了技巧，技巧不能产生境界，反之，文学的境界到了，自然也就会产生超越技巧的形式。

王蒙作为新时期文学的领军人物，在文学形式上的探索不仅开风气之先，而且以要“穷其工”的姿态对现代派和后现代派进行了多方位的搜索，从《春之声》的“意识流”到《风筝飘带》的象征主义（我在电脑上打象征主义词组时出来的是修正主义，可见王蒙式的探索也带有修正主义的意味），到《一嚏千娇》式解构手法，包括对通俗小说的戏仿，在“形式主义”的“泥淖”里勇往直前。或许是“绚烂之极，归于平淡”，在《尴尬风流》中，王蒙式的形式感、王蒙式的技巧被那个叫老王的人物自我消解了，王蒙式的华丽被那个简朴的寓言式的近乎短信的文体取代了，那个“大写”的滔滔不绝的王蒙被那个“小写”的甚至有些木讷的老王替换了。在《尴尬风流》中，我们看到这样几个特点：

一，自嘲多于批判。在王蒙以往的小说中，虽然不乏自嘲的成分，但他讽刺的锋芒面对的依然是社会和他人的不健康、不理想和不和谐之处，他虽然不是一个愤世嫉俗的诗人，但也时常展示或显露一下文人式的清醒和过来者的机警。在《尴尬风流》中，他描写的那个“老王”，很认真地开始反思自己，发现自己的人生处境竟然是那么的不尴不尬，以为自己很聪明，却不断做错事。想去“温习脉脉温情”，得到的却是“一场愤怒疯狂的大雨”，想换一个口彩好的电话号码，却惹来了一大堆麻烦，想去“购物”，却屡屡“购误”……生活中种种奇怪得有些背运的事都发生在这个老了的王姓男主人公身上，他不解，但又慢慢地化解，老了的男性的老王在自嘲中得到人生的很多启示：“禅意实无意，尴尬即文章”。鲁迅先生说他在解剖别人的同时，常常严于解剖自己。王蒙这种带有自嘲式的书写，虽然算不上“严于解剖自己”，王蒙也不习惯解剖这类动骨动肉的医学名词，事实上，王蒙还是对自己的精神和心灵进行了按摩式的解剖。当然，文学是作家心灵的折射，同时也是虚构的产物，小说中的老王自然也不是生活中那个生龙活虎的王蒙。多此一句，免误解。

二，内容大于形式。《尴尬风流》虽然是被《长篇小说选刊》当作长篇小说选载的，但究其实来说，《尴尬风流》是不便当作长篇小说看的，它有人物，无命运；有细节，无情节；有篇数，无字数。整个小说可看作是一部系列小说，是老王这个人物在日常生活中碰到的种种尴尬的境遇的组合，单篇是可以自然成篇的，也曾被当作微型小说发表过。事实上，王蒙也没有把它当作长篇小说来创作，从写作的时间来看，前后跨度达七年之久，某种程度上它是王蒙生活片段的缀集。因此就小说的形式来说，可以说是非常单调甚至枯燥的，并不像王蒙以往的作品那么炫目花哨，但由于这些生活的感悟都是有感而发，并不是为了写作而去搜肠刮肚去提炼什么，生活的实感便使得《尴尬风流》不像流行的长篇小说那么灌水那么缺少干货。

三，境界高于智慧。王蒙是一个富有智慧的作家，也曾被戏称为“过于聪明的作家”，过于聪明有两种结果：一是小聪明，一是大智慧。王蒙好像不是这两类人，小聪明往往昙花一现，而大智慧者则不会轻易卷入到文坛那么多是是非非的大大小小的值得不值得的论争去，以至有时难以脱身。虽然王蒙已经很优秀了，用作家李锐先生的话说，我们觉得王蒙仍然是值得苛求的作家，我们希望王蒙的人生智慧不仅停留在社会实用的层面上，王蒙也有理由将自己的“过于聪明”升华为哲学的形而上的精神的界面。在《我的人生哲学》一书里，王蒙将他的人生智慧转化为社会生存之境，而《尴尬风流》一书他有意识地放弃自己读解世间万物的智能之态，开始以一种混沌的宽容的境界来面世，哲学的意味浓起来，甚至有一些大智若愚的味道。这对王蒙来说并不是件特别兴奋的事，在《尴尬风流》中，我们能隐隐读到他不能尽兴的轻度压抑。他是一个喜欢尖锐思想的人，有时还不免犯一点尖刻的俗病，他有时宁可得罪朋友也要来显示他超人的智慧和幽默。但他明白，智慧的狂欢和语言的狂欢都不是文学的最高境界。

《尴尬风流》属于王蒙减肥式的自我健身，他对形式和技巧的简约化处理，打个不确切的比喻，就像吃腻山珍海味之后对农家菜和家常菜的回归，对那些文学技巧未入门或未成熟的人来说，还是不谈无技巧的问题为妥。技巧不是文学的全部，但文学不能忽视技巧的培训和操练。即使在《尴尬风流》中，王蒙也没有放弃他对形式感的追求，那些漫不经心的片段，其实是非常酷似佛经故事的文体，那些尴尬的暧昧的感悟，也颇得偈语的神韵。文学其实是没有最高境界的，人的最高境界，就是忘我。

2005、4、6于润民居

花非花　人是人　小说是小说

——与铁凝对话《笨花》

时间　2006年1月8日

地点　北京江苏大厦

人物　铁凝　王干

笨花是花，又非花

王干：我们先从比较技术性的话题入手吧。《笨花》这个书名本身是什么含义？

铁凝：首先“笨花”不是我的创造，笨花是冀中平原一带对本地棉花的俗称，笨就是本地的、本土的，与之对应的是洋花。洋花指域外传来的品种。

王干：现在还有笨花吗？

铁凝：可能有，但越来越少了。更有意思的是，本地人叫棉花往往是把“棉”字去掉，就叫“花”。如果叫棉花可能不会触动我，叫“花”，就有了一种轻盈的、飞升的感觉，包含了想象力在里面。但同时，这种轻盈又被“笨”压住了。“笨”显得非常本分、含有劳动基础在里面。这种组合非常奇妙，其实人生、日子，一轻一重，都是不可缺少的。所以我拿过来用，给小说起名《笨花》，小说里的村子我也给起了个名字叫笨花。这个村子的人也种棉花。笨花不是我的创造，它很凡俗，但是也很神奇，非常触动我，很有意思。

王干：我觉得这部小说也有一个写作状态的问题。从这个小说可以看出来，你有意识地进行了很大的改变。你以前的小说，像“花”一样，秀丽而轻盈，特别有才情。在这部小说里，你有意识地把才情收敛起来，变得内敛，像艾略特说的那样，诗人重要的不是展示才华，而是掩饰才华或者躲避才华。所以，我看出来你是在用“笨”躲避你特别个人化、女性化的写作路数。这部小说的语言、语调和节奏，都慢下来了，而且你故意笨得有些拙的方式，用滞重，迟缓的行文风格写作，回避掉了原有的才情飞扬。这可能是你对自己写作状态调整的结果，也可能是你针对目前这个描写对象所采用的特殊方法。书中历史生活和人物命运的朴实是不是决定了你要选择这种方式?

铁凝：这个小说像你形容的那样，它部分地呈现出了这种状态，是一种互相选择。《笨花》里的人物系列藏在我心中，我必须找到一种方式将他们的故事、命运呈现出来，这种方式必须对得起他们的生活和命运。从这个意义上说，他们要求我这样。

王干：他们要求你采用这样一种叙事方式，甚至是价值观念?

铁凝：是的。而且这是一个相互的选择。对我而言，采用这种方式写这样的故事、塑造这样的人物，不是自发的，而是长期的积累。

王干：这种积累是从《大浴女》之后？《大浴女》是98年的?

铁凝：99年。

王干：酝酿了五六年时间。

铁凝：这本书写了两年，但是这些人在《大浴女》之前就有，再早也有。

王干：你以前写过《棉花垛》，这个中篇跟《笨花》有关系吗?

铁凝：应该说《棉花垛》仅仅是《笨花》里抽出来的一个枝杈。虽然《棉花垛》在前，但它只是大构架里的一点点小材料。我心里一直有这群人，但为什么到现在才写出来呢？是因为我面对他们一直不知道怎么办。我一直认为，长篇小说的人物，一定是在作家心里培育了很多年，这种培育不是存放。存放是被动的、静止的，放在那儿不动。培育则是主动的。那么多年我没有能力表达他们，但我一直在培育着。我一直不知道用什么话来说，用什么方式来表达，所以这个前期的准备有几年。双向选择的另一个方面，就是这群人想让我这样表达。在《大浴女》之后我沉淀了很长时间，那时候我也很困惑。以前我很少困惑。从我走上写作道路，我的写作都是很顺利的，如你所言，那时候写作是轻盈秀丽的。那个时候，写作是情之所至，由感而发，没有什么不能写。在发表作品上我也没有什么挫折，特别是在得到表扬之后，会有些得意。白天如果谁说读了我的作品，我晚上一定会拿出来重新读读。（笑）

王干：（笑）自我欣赏。

铁凝：对。写到现在，有读者帮我算，从75年钢笔字变成铅字，我已经写了三十年了。

王干：75年发表在哪儿?

铁凝：北京出版社的《儿童文学》，名字叫《会飞的镰刀》。那时候名字都那么飞扬，现在我要落地了。三十年了，我不能再飞升了。尤其是我心里的这群人，让我害怕了，让我慢慢地觉得，文学没有近路可以走。特别是在写《笨花》的时候，觉得每一条路都是笨的。

女钟馗与中性写作的魅力

王干：其实从写作上而言，长篇最没有捷径可走。写短篇可以用技巧讨巧，而长篇则非常实在。一些技巧、花样只是装饰，它呈现出来的必须是扎实的东西，长篇是一种实在的建筑。所以，你说写作是越写越害怕，完全可以理解。当初你写《玫瑰门》的时候肯定没有这种感觉。

铁凝：那时候是无知者无畏。虽然也遇到过困难，但根本没有像现在这样。我在写《笨花》的时候遇到的是前所未有的困难。我越来越意识到，轻盈的想象力的根基在笨劲儿里，这种想象力不是讨巧的东西飞升出来的。反倒是“笨”带有更广博意义上的智慧，这种智慧不是作者的、而是来自这些人本身的。面对这样一群有着质朴的智慧的人，我怎么对待他们，这确实是我相对比较自觉的思考。总起来说，我用这样几个词来表达我对于“笨”的理解，结实，简朴，准确，温润。这比较接近我对他们的感受。在我第二次修改的时候，有一些明显碍眼的东西，不必要的抒情，甚至一个字，我都删掉了，有的章节我甚至推翻了重写。第二次修改用了大概十个月的时间。我警告自己对这些人物一定要小心，不要多嘴。该写够的地方写够，该克制的地方不能多嘴。

王干：你说“不能多嘴”，我觉得很形象。我觉得这是一个“中性写作”的态度。好像你以前曾提到过“第三性写作”，超越性别的写作。我想“中性写作”跟这些有些关联，意思比较相近。以前文学创作中是没有“男性写作”概念的，但在出现了女性写作、女权写作之后，这成了一个问题，并在80年代末到90年代这一段时间内，呈现了一种别样的风貌。实际上，“私生活写作”，“身体写作”，有一个最大的特点就是在过度使用女性本身的资源。这种资源的使用有好处，能够在文学上突显女性的性别，但缺点也很明显，在反对男权话语中心的同时，它也因循了男权话语中心的逻辑。在女性话语充分展示优美、多情、甚至妖艳的时候，也暴露了女性的脆弱、过于敏感甚至病态。当然，文学不能奢求完美，但是女性话语到了90年代后期，《上海宝贝》之后，彻底蜕变成了商业话语，女性写作也心甘情愿地站在了被看的位置，此前女性写作的思想解放意义也被展露女性特殊生活方式的功能所取代。这种受商业化影响的女性话语其实是更加被男性统治了。阅读变成了一种猎奇，而猎奇不是审美，只是满足窥探欲。回到你的小说，这部小说对你自己也是一个调整。你的写作始终与商业化保持着距离，反过来说商业化利用也非常困难。从这个意义上说，你内心里倒是真正的女性主义者。《笨花》给我的第一印象是，这是铁凝写的吗？这种笨重的、迟缓的、木讷的，跟才华横溢的、轻盈的铁凝完全不同，铁凝在变化，在拼命抑制女性的想象，抑制女性的思维空间对整个人物、历史场景的控制。因为写作本身，不管怎么客观冷静，始终是主观的投射，这种人物和历史场景，对你是生疏的，是个挑战。而如果你采用主观化写作的方式可能是另外一个面貌。

铁凝：虽然历史不能假定，但我想顺着你说的思路去写的话，会变得轻浮，甚至不成立。

王干：会变成被无数人写过的，有关男性、女性的故事，会把社会动荡变成简单的道德伦理或者男女关系演绎出来的故事。

铁凝：还有勾心斗角的纠缠，这些小说数量很多。

王干：有些写得非常好，像《红粉》、《妻妾成群》等等，但那种不是你需要的。

铁凝：不是这部小说需要的。

王干：所以你在《笨花》里是采用非常克制的方式。《白鹿原》也是写社会命运和家族命运，但它采用的方式是用汪洋恣肆的男性话语、政治话语和性的话语，解读家族的浮沉。而假如你用女性视角，可能会写成一个五十年的女性血泪史。而且这里面女性的命运，都具备写成血泪史的可能，社会混乱，军阀给女性的情感命运带来的伤害等等。说到这儿我想起，在我们闲聊的时候你说你被河北梆子感动得流泪，是什么促发的？

铁凝：是在看裴艳玲扮演的钟馗的时候。她演男鬼跟男演员的理解不同。裴艳玲扮演钟馗，不是鬼气打动我，而是因为裴没有刻意躲开女性扮演钟馗的缺陷，而是故意张扬了男鬼身上的妩媚。我认为这是裴艳玲的高明，这也是男人和女人看男性的差异。如果是男性演员，他很怕自己塑造男性有柔的东西。

这跟我的写作也有关系。实际上，我总是被不断问到这样一个问题：女性作家塑造男性形象的时候会不会有障碍。这一次我的主人公又是男性，所以这个问题必然又会引起关注。但对于男性作家写女性会不会有障碍的问题好像很少有人问津。这仿佛成了约定俗成的一个规律，男人写女人自然，女性写男性就不自然，这里面有没有不平等?

王干：这个问题很复杂，有很多历史原因，但是不得不承认，历史上很多著名的女性形象都是男性作家塑造的。我明白你的意思，包括你对裴艳玲表演的理解，都是指一种超越本身性别的状态，这样反而能够大于约定俗成的女性美或男性美，这跟张国荣扮演的女性大于女性美一样的道理。

铁凝：文学对于生活的体验，永远是间接的大于直接。裴认为，妩媚是有意为之，这也是男性扮演男性不容易发掘到的一面。从这个方面说，女人写男人可能不那么直接，不那么真切，但也确实有特殊的美。

王干：所以，第三性写作或者中性写作其实是很多人愿意追求的，人说到底都有超越性别的渴望。

铁凝：这种渴望通过自觉的尝试和努力，在写作中体现出来可能是更高的境界，更开阔。

王干：对，这样能够具有超越性别的艺术含量。人的生活需要突破各种限制，写作也需要突破各种限制，这种限制最明显的就是性别的限制。而且，目前的文学语境下，这个话题不仅仅是文学性的，还是社会性的。从超女李宇春的火爆可以看出中性美已经成了一个让人追捧的审美标准。

铁凝：这倒是有意思的话题，但我希望读者读《笨花》的时候，别想性别的特征。我希望超越一切性别的限制，变成一个叙事者。

茶馆式的世俗烟火

王干：《笨花》在写中国社会从民国初年以后的特殊命运的时候，在写向喜与家族的兴衰命运的时候，一直有一条隐性的线索伴随着他，这就是对中国农村现代性问题的关注。单说向喜这个人物，他虽然成了个军人，但他骨子里是个农民，他一直遵循着农村的道德伦理，一直恪守着一个农民的规则，他甚至把打仗都说成干活儿。

铁凝：这也是他内心简朴的一个表现。

王干：在走出笨花的现代性进程中，向喜是被动的，被裹挟的，他时时向往着能够回到笨花。无论如何，笨花这个小村子是他灵魂安息的地方，也是他的道德需求能够得到满足的场所。

铁凝：对。

王干：所以，从这个人物身上，我们就可以看到，现代性进程在中国的复杂性。同时，还有一个面对传统生活方式和伦理道德的问题。我觉得这部小说，写中国农民面对灾难变故、社会动荡，坚持住民族性、坚持住草根性，真是一个巨大的奇迹。而这种不断被冲击、被修改，又不断地巩固自身特征的过程，也充分展示了现代性的复杂程度。《笨花》是中国农民的巨大承受力、忍耐力和生存力的展示，是中国农民以不变应万变的处世哲学的展示，同时也是农村现代化进程的一个巨大隐喻。

铁凝：这一点非常重要，也是我要表达的东西。小说中的这些人被我称为“中国凡人”，你刚刚提到他们巨大的承受能力，巨大的韧性，其实包含了宽容和达观。你可以说他们是斤斤计较的，但同时，他们身上又有另外的东西在等着你。他们是斤斤计较的，又是达观的；他们是很闭塞的，但又有巨大的包容性；他们有很多悲苦的伤痛，但他们又有幽默感。乱世中他们不屈不挠地生活，过日子。棉花籽到了地里，他们不去种吗？要去种，要活下去。这个民族就是这么走过来的。向喜面对着那么多选择，而且很多选择都是只要他稍微偏向一点，就会得到实惠。本来他就是被动地达到了一种相对显赫的、从村子里出人头地的状态，但我觉得他命运打动我的，不是出人头地之后向农民回归的状态，让我动心的是他面对实利时候的选择。最后他凭着直觉做出了选择。可以说，这个人物没有什么高远的政治主张，也没有属于英雄的那种大气，他只是一个凡人。每一个选择，比如我们谈到宜昌兵变，到孝感督战，还有日本人来的时候，他怎么办？可以说，他最终的选择都是人道的。

王干：符合我们民族人伦的。

铁凝：对，这是一种本能的、非常深厚的力量。他坚守内心的道德秩序，虽然这种秩序只有一点点基础。他不是豪杰，不是英雄。但他有自己的气概和气节，保住了自己的尊严。最后他所有的选择，在被动的时代是积极的美德。从这方面来讲，这种半自觉不自觉的选择，小人物在乱世面对更大利益诱惑的时候做选择，会更加艰难。而支撑住这种选择的，是一个民族的底盘，是沉重的而不是飞扬的。

王干：是的，这种底盘更多的是日常的，尤其是乱世中的日常，更显不同。小说中乱世的刀光剑影波澜起伏，军阀你方唱罢我登场，在这样历史动荡、摇摆、混乱的年代背景下，小说很容易写成宏大叙事，而你描写的是非常日常，琐碎的凡人琐事。甚至用很大的篇幅写怎么吃饭，怎么种庄稼，怎么织布，全是乱世的平凡生活。社会动荡对这个村庄似乎没有什么影响，而唯一的讯息渠道来自向家。孙犁的小说为什么好？在红色经典不断被书写的年代，他写战争中的日常生活，多年之后，他的小说因为这些日常而贴近我们，变得有价值、有生命力、有美感，所有的动乱、灾祸变迁，都有日常生活做底线。比如老舍的《茶馆》，尽管时代距离很远，但依然带着亲切可感的气息。日常叙事在这里非常自觉，而且更能彰显宏大叙事无法顾及到的细部。而对于写作者而言，日常生活不容易展示才情。但是如果能够把日常写好，是抹不掉的才情，意义非常深远。而宏大叙事年代的日常叙事，其实是现代小说赖以存在的背景。鲁迅的小说写的也都是凡人琐事，是生活的日常部分，比如孔乙已、阿Q、祥林嫂、吕纬甫等等，但时代在日常生活中都有体现。对宏大叙事和日常生活之间的关系，以及由此展现的现代性问题，在你的小说里都有非常好的闪现。

铁凝：我把这种情形命名为“精神空间用世俗的烟火来表述”。罗列日常生活不是目的，罗列历史事件不是目的，二者怎么糅合在一起就是个问题。比如宜昌兵变之后，远离宜昌的笨花村向家向喜就摆上了从宜昌兵营里运回来的沙发、椅子，大的历史事件，由于一个人物的勾连，就不再闭塞，但同时村子还是村子本身。生活里的意趣，人情中的大美，世俗烟火背后的精神空间。这虽然不如风云史有伟大感，但这种写法也更过瘾。我写了军阀战乱，也写了三百多种农事、风俗。我在宏大叙事和家常日子之间找到了一个叙述的缝隙，并展现了我内心想要表达的东西。

王干：我听说你在写这部小说之前，曾做了大量的准备工作，到图书馆查了资料，还到乡村去采集民俗民风，也就是作了功课的。这在现在来说，是比较少见的，因而你的小说里显得特别充实，充实得信息量几乎都溢出来了，这和那些灌水的长篇小说形成了极大的反差。小说是一个作家的精神空间的体现，也同时是一个作家理解生活、体味生活、表现生活的能力和智力的体现。生活永远大于概念，生活也永远大于文学。

最后的先锋文学

——论苏童的《河岸》

2009年4月17日在南京苏童《河岸》的研讨会上，我提出了《河岸》终结先锋文学的观点。有朋友不同意我的观点，大概是对“终结”一词的理解有差异。终结不是总结，也不是宣布其死刑，终结是评论家划分段落的一种方法，也是历史或文学发展到一定时期的必然。这一次文章用“最后”估计也会有人不同意，其实“最后”不是说此文体或此流派从此灭绝，此物种从此消亡，而是说它的意义和价值已经被充分发挥和表现。我们说清代纳兰是“最后一个词人”，不是说词这种文体就此消失，更不是说纳兰之后就没人写词或就不能写词了，而是说词的文体已经成熟，已经从兴盛走向衰微。我们说汪曾祺是“最后一个士大夫”，“最后一个文人”，不是说士大夫和文人已经消失，不是说后人不可以做文人、继承士大夫精神，而是说汪曾祺代表的那样一种文化趋于完满趋于成熟，很难超越。事实上，学汪曾祺的作家很多，但时过境迁，得其精髓者很难。同样，最后的先锋文学并不意味着先锋文学作家集体消失，也不意味着先锋文学从此断子绝孙，它还会蔓延、生长，只是余脉、余音、余韵，不会成为主潮、主页。

一．先锋文学的谱系与阵形

先从先锋文学的谱系说起。

先锋文学是发源上个世纪80年代的一场影响深远的文学思潮，它和当时的“现代派”运动有着某种承继关系，又有某种断代关系。先锋文学确实是现代派发展的余脉，但这余脉又宛延伸展，形成了新的山脉，和原先的脉系形成了某种断裂。就构成而言，先锋派是更年轻一代在特定历史时期对文学的进一步的探索和实验。这种实验已和原先的现代主义运动以及后来后现代文化有着明显的区别，它不是历时性地将现代主义或后现代移植过来，而是共时性对现代主义和后现代主义文学进行横向的交融和整合。这也是我们很难将先锋派定为黑色幽默或象征主义以及意识流某种西方文学流派的原因，甚至我们很难将先锋派定位现代派或后现代派。在现代派作品中，现代主义元素和后现代主义元素常常相互交杂，彼此混淆。因为在80年代中期的中国文坛，虽然西方现代派很新鲜也很吸引人的眼球，但与此同时后现代的文学也以现代主义的名目混了进来，先锋派在这样的背景之下成长起来，注定他们不能像30年代的那些作家简单划分“成份”：“中国的现代派”。

因此先锋派在80年代就成为文学界年轻、叛逆、冒犯的一种符号，更多的更年轻的文学青年和“粉丝”（当初应该叫追随者）簇拥在这面大旗下，形成了80年代后期最有影响力的文学运动。

这三十年的文学思潮，除了70年代末期、80年代初期的反思文学，大约就是“先锋派”和“新写实”属于有价值的影响深远的文学思潮，前者是现代主义和后现代主义文学在中国的有益尝试，后者则是中国作家对现实主义的成功改造。

虽然标榜先锋派的作家人数不少，但先锋派的谱系也基本明确，如果用足球队比赛的阵型来比喻的话，大约是“442”阵型：

马原（前锋）　莫言（前锋）

洪峰（左前卫）　格非（前腰）　余华（后腰）　孙甘露（右前卫）

北村（左后卫）　叶兆言（中卫）　陈村（中卫）　刘恪（右后卫）

苏童　（守门员）

给他们的分工大约基于两个要素，一是他们在文坛给人们的印象，比如两个左右两个前卫都是爱走偏锋的，二是至今还活跃在文坛、影视或媒体的中坚力量，而当初一些曾很活跃但淡出人们视野的，只能作为替补了。像华东师大的天才少年姚霏，虽然作为过“首发”，但流星般消失，被遗忘也是很自然的。

苏童被称为先锋派的守门人，是因为和其他的先锋们相比，他属于比较温和的先锋派，他对阅读的冒犯性是次强烈的，或者说次次强烈级的，先锋派的很多手段不是他发明的，他的攻击性和侵略性远不如其他的作家（就刺激性而言，和叶兆言属于一个等级）。再一个就是进入90年代后期，先锋派的场面逐渐门前冷落车马稀，大有打烊关门之势，马原和格非当教授做学者，陈村专营网络文学，孙甘露供职于媒体，洪峰当隐士，刘恪苦守了多年，也到高校任教，叶兆言本来就是摇摆人，90年代后期已成德高望重的写实元老，北村也不似当年那么激进，莫言和余华虽有新作问世，但只限于长篇，而且慢慢向现实主义靠拢，写出了《许三观卖血记》、《四十一炮》等力作。惟有苏童依旧有中短篇小说问世，而且是匀速运动，《白雪猪头》、《人民的鱼》、《伞》、《西瓜船》等短篇陆续受到好评，同时还有长篇问世。虽然不能说苦苦支撑着先锋派的门面，但让人感到一个生命力旺盛的群体并没有消失。有时候一个人就指代这一个群体。

2009年问世的《河岸》就是这样一部守门之作。

二.《河岸》整合、完善了苏童自己

苏童在小说创作上形成了独特的个性，这些个性特色分布在不同类型的小说中。在1993年的一篇《苏童意象》中我曾将苏童小说分为三大类型，一是童年视角的记忆性的乡村叙事类型，一是关于女性生活的红粉系列，还有就是香椿树街的城市生活系列，后来苏童又增加了新历史小说的创作。这种分类，未必准确，但基本上能够概括苏童小说的重要特征，好的视角，细腻的心理，城市的变迁，成长的主题，历史的无奈，由此带来的人性的扭曲和伸张。

而苏童在《河岸》里似乎有意识地将自己小说的优秀元素进行一次彻底的整合，进行自我完善，从而达到了某种高度。第一人称叙述显然是苏童最拿手的把戏，他自己在创作谈说到，他在《河岸》写作初期，曾经用第三人称写了七万字，但觉得别扭，改称第一人称之后，小说活了，我看到了那个在《我的帝王生涯》中出神入化的少年，也看到了那个在《桑园留念》里青春萌动的少年。苏童本来善写成长，而库东亮的选择，正是他原先无数少年的组合，区别在于加了父子的关系，改变了人物成长的惯性。《河岸》里的慧仙其实是《桑园留念》里丹玉的重新投胎，而库东亮母亲乔丽敏在《妇女生活》和《另一种妇女生活》里也以其他的名字登场，浑身的小市民习气和政治动物。那个因政治上失去威风从此窝囊的库文轩，其实也是《已婚男人杨泊》里杨泊的再现。库东亮和岸上流氓团伙的械斗，在《刺青时代》里也有过类似的描述。

与之相关的苏童小说惯有的窥视主题在《河岸》中也得到继承和发扬，《妻妾成群》里用颂莲的窥视视角来展现陈家大家庭的暴力和旧式妻妾制度下人性的变态和残酷，而《河岸》里库东亮作为一个叙述者也是窥视者，小说里乔丽敏的笔记本和库东亮的笔记本，都是窥视者的记录。前者记录的是库文轩的私人生活的风流债，后者是库东亮青春发育的流水账。窥视和反窥视，人性的两面浑然一体。

在《河岸》每个人物几乎都能找到他的谱系，但这丝毫没削弱《河岸》的价值，《河岸》找到了一个最适合装载苏童自己宝贝、整合自己资源的盒子，以前那些散落在外的珍珠因为有河与岸的线索被巧妙地串在一起，颗颗都有合适的位置，各得其所，闪闪发光。苏童小说那些优秀的元素，在《河岸》里得到了有序的排列，苏童式的力量和智慧，一览无遗。

意象化写作是苏童小说的一个创举，或者说很多先锋派作家都有意象化写作的诉求，但能够始终在小说里坚持意象化写作的不多，将意象化写作升华为美学特征，也就是苏童一人了。意象化写作的基石是象征，当苏童成功地将自己的诸多元素复合在一起时，也构成了某种自我的解构，他通过一本书将自己的文学历史交代过去，将自己的青春和努力悉数坦白，建构了“河流”这样的虚拟家园，也随之付之东流。

三.《河岸》解构了先锋文学

先锋文学作为一种文学思潮有其自己的生命轨迹，从1985年发源，到1988年、1989年发展为高潮，之后又延续了很长时间。但先锋文学也是一个具体的生命体，有始必有终，也需要一个终结。这种终结，不是行政命令能够终结的，有时行政命令的限制反而会促使它的变态发展和扩张。也不是哪个作家想做就能做成的，它是历史自然而然形成的。苏童在写作《河岸》时，没有想到去终结什么，最多也只是对自己的作品进行一次全面的梳理和总结。但《河岸》却因为其内容和形式的丰富性成为先锋派的终极版，也算他为先锋派文学作了最后的贡献。《河岸》成为先锋派文学的一个巨大的投影，折射出先锋派的诸多元素，先锋派的光芒和阴影尽收其间。

1. 对历史表象的涂抹

在《河岸》中，叙述者反复说，“历史是个谜”，很显然，这个叙述者不是小说的主人公库东亮，因为按照库东亮的年龄和知识结构是说不出这么深奥的哲理来，只能是小说的潜在叙述者，这句话是作家的世界观间接的呈现。在小说里，邓少香的烈士子女之谜，影响到库文轩的命运，而库文轩的命运影响到库东亮的命运，像多米诺骨牌一样的连带效应。但这么一个关系到诸多人物命运的事情，却无法得到证实。最后库文轩只能用死亡来证实他的历史的真实，但谁都明白，这个谜团永远也无法解开。库文轩和纪念碑共存亡，更加沉入到历史的深处，而历史的深处更是迷障团团。类似的怀疑论者的叙述，在先锋派的其他作品里都有类似的表达。马原的《虚构》是一场历史的巨大虚构，格非的《青黄》和《迷舟》讲述的也是类似历史事件的解构，也是陷入谜团之中。在那些反思小说里，库文轩的身份问题很容易被写成冤假错案，但苏童和他的那些先锋派的队友们有意涂抹这些历史的界限和层次，只是写历史对人的影响，放弃追究这些历史的真实性和合理性。历史像河流，现实也不是岸边一样界限清晰。历史是个谜。

2．对自我的虚无性否定

先锋派文学有一个巨大的叙述焦点，就是对自我的不断探索和不断否定。这也是区别于传统现代主义美学的特点。传统的现代派美学往往通过自我价值的肯定来批判现实社会对自我的否定，风起云涌的朦胧诗论争其实就是关于现代派的论争。而先锋派并不在乎自我价值的有无，先锋作家往往通过那个“自我”或“小我”的人性的暴露，尤其是人性卑微和恶毒的披露，来粉碎那个在现代主义看来近乎完美的个人神话。

因而先锋派的主人公往往是玩世不恭的，至少那个叙述者是玩世不恭的。他们是价值的毁灭者，意义的爆破者。在今天我们来看待这些毁灭和爆破，一点也不会大惊小怪和高度惊诧，因为网络的爆破和毁灭让我们已经熟视无睹，而在20年前这些冒犯是要承担很多的罪责的。因此，我们在《河岸》中看到一个自称“空屁”的少年，并没有引起太多的质疑和愤怒，而当初徐星《无主题变奏》引起的风波全因为那个青年的虚无价值观。而《河岸》就连徐星那个虚无的价值也加以毁灭，虚空是价值观，但空也是屁！淋漓尽致，虚到骨子里和灵魂里。

苏童以前的怀疑更多的是脱离现实社会的，《河岸》则把对自我价值的怀疑放到现实之中。表面看来库文轩、库东亮的虚无，是因为被抽空了——那块纪念碑被抽空之后，意义也抽空了，而这种抽空是历史的不确定性造成的。历史的不确定性导致了现实的虚空现实的空屁化，而现实的空屁化导致了库东亮的空屁实感。“空屁”这样一个地域色彩很强的方言，被小说的人物和时代氛围浸透之后，变成了先锋哲学的一种指称，因为在先锋文学里，那里的自我的意义基本上就是空屁，空，而且屁。空屁，没有声音，没有气息。

3．残酷、暴力、悬疑

马原和莫言是先锋作家里最早涉猎残酷主题的，而残酷的主题与暴力相伴相生，他们的小说里出现了传统小说里那些不常见的带血腥或带恐怖性质的场景，这也是先锋文学引起哗然的主要原因之一。莫言在《红高粱》里再现剥人皮的场景，虽然那是控诉日军残暴的，然而展示、扩展这种残暴也有炫示暴力之嫌。马原在《虚构》里对麻风病区人性残酷的描述也触动了很多人的神经，之后余华在《现实一种》、《河边的错误》里更加零度情感地渲染了人类相互残杀的残暴和冷酷，暴力美学呼之欲出。苏童的暴力指数虽然没有这三位高，他更多的时候是对性暴力的主题情有独钟。《米》中五龙把米塞进阴道的细节让一些人难以接受，而在《河岸》中库文轩的自残自我阉割没有激起人们的愤怒。相反，库文轩对处于青春成长期的库东亮的监视和限制，则是另一种阉割和虐待。岸上的人试图给库东亮去势，造成了库东亮的阉割恐惧，是莫言、余华那些阉割主题的延伸和发展。

和恐怖情景相关的便是他们小说的悬疑性，先锋作家常常借用悬疑的模式，来灌装他们的残酷主题和暴力叙述。马原、余华、格非都多次运用推理悬疑小说模式，而《河岸》则把烈士和胎记这样一种需要通过甄别来确认的历史事件悬疑化，直至小说结束，悬案也没有明了，倒是库文轩的胎记消失了，而傻子扁金的屁股上的胎记也消失了。

4．语词的飞翔

先锋文学某种意义上是一种形式主义美学，当时有批评家说形式即内容。对语词的刻意追求，对叙述语调和叙述节奏的精确把握，成为先锋小说家最基本的手段。讲究叙述，乃至形成了马原的“叙述圈套”这样的概念，说明先锋派在语言上的舍得和拼搏。这种舍得和拼搏让先锋派放弃了很多小说里最常见的元素，比如故事的合理性、人物性格的复杂性等等，小说成为一种语言景观和语言赛场。最有代表性的就是孙甘露的《信使之函》和《访问梦境》，这是消解了传统小说诸多因素的典范之作，连接小说的是语词的力量，不是逻辑和故事，也不是人物的命运，其实在这两篇里没有人物，人物就是语言自身。

苏童在先锋派作家中，以其语言丝绸般的柔和和光滑独具一格，他小说的语言时常可以自成一体，不必指向叙事。在《河岸》里，苏童始终保持这种语词的飞翔感觉，并时不时地向人物读者进行俯冲。《河流之声》那个章节里，能看出孙甘露式的语言修辞的天赋，但又没有脱离人物和小说的具体情境，结合得近乎完美。

在很多先锋作家放弃或失去了这种语词的飞翔能力和俯冲力之后，苏童依然保持着旺盛的修辞战斗力，让人完整地浏览到先锋派的语词风采和修辞功力，同时也是宣告了先锋文学在《河岸》之后黯然消失在舞台的中心。

如何评价苏童

在今天来评价或探讨苏童在文学史上的意义和地位，显然为时尚早，他四十刚刚出头，很多和他年龄相仿的作家有的刚刚出道，一些还被冠以新锐青年作家。而苏童呢，比之这些新锐则不免显得有些“老”，这“老”倒不是年龄，而是资历。上个世纪80年代的中后期，他已经是先锋派文学的代表人物之一，到90年代初期大红大火，以至我们都视他为明星作家，但苏童没有像王朔那样真的掉进了明星堆里，他始终保持着一个作家的姿态，与媒体保持着警惕的距离，无论在国内还是国外。

但苏童的成就细算起来也没有到了可圈可点的程度，尤其是得奖这一项，似乎是他的弱项。茅盾文学奖自然无缘，因为长篇小说毕竟不是他最擅长，但他的中短篇小说按理说该在鲁迅文学奖中有一席之位，尤其是他的短篇小说能与之相匹者不多，但他的短篇小说还是榜上无名。江苏在全国有影响的作家不得全国奖的人还真不多，寥寥几人，就有苏童。

没有为苏童打抱不平的意思，马原、余华、格非、北村、韩东和苏童这些先锋派作家都没有得过政府颁发的大奖，先锋是为后人铺平道路的，实验更意味着小众化。和其他先锋不太一样的是，苏童是那种有读者缘的作家，《小说选刊》2003年举办的“读者最喜欢的十大小说家”评选活动中，苏童名列榜首，得票最多。在90年代，苏童就有一大帮“粉丝”，当时有人把这些“粉丝”叫“苏迷”，这是仿的张爱玲，30年代有人把张爱玲的追星族叫“张迷”。

“粉丝”们喜欢的往往是来得快去得也快，所谓各领风骚多少天，说的也是这个意思。但苏童并没有被“粉丝”们粘住更没有被“粉丝”们压垮，他的写作非但没有浮躁反而越发沉静和淡泊。这种沉静和淡泊表现在他对短篇小说刻意而义无反顾地追求，而大多数已经成名的作家一般不屑于在短篇上再下工夫，写也是随机性质的。苏童则坚守在短篇小说的阵地上，他似乎要穷尽短篇小说的所有可能性，从早期的《桑园留念》、《仪式的完成》到近期的《白雪猪头》、《人民的鱼》，绚烂之极，归于平淡。

苏童的价值似乎并没有引起文学界的高度重视，人们仍习惯于把他和一般媒体明星联系起来，走红的作家年年有，但走红的作家具有文学价值就难得。正确评价苏童也就可以还苏童的本来面貌。

苏童在先锋派第一个实现了转型，所谓转型就是从纯粹的文本试验到具有较大社会含量的新型写实，也就是所谓的“有意味的形式”到“有形式的意味”。苏童最早登上文坛引人注目的是他的那样一些形式感特强烈的小说，但他的先锋方式又不是十分极端的，极端先锋派往往以观念取胜，而苏童并不是以理论的高深和玄妙来进行小说的写作，他更多的是从感性出发，从自我的情感出发，因而他的先锋姿态也在先锋派当中独具一格，是那种温和的美学先锋，而不是那种激进的概念的先锋。这也让苏童具备了率先向写实转变的先天条件。1989年的夏天正是先锋小说热火朝天的时候，而苏童在人浪翻滚的鼓楼广场告诉我，他写了一篇奇怪的小说，题目叫《妻妾成群》。我当时只觉得这是玩性不改的苏童的游戏之作，没想到居然成了先锋派转型的一个标志。之后苏童又写了《米》以及“妇女生活系列”，在之后先锋派写实便出现了一股热潮，推进了新写实运动的发展。

作家陈村曾经称苏童是“红粉圣手”，此言自有戏谑成分，但也道出了一个真实的事实，这就是苏童对女性形象的刻画和女性心理的描写已经取得了较高的成就。当代作家中，王蒙擅长写干部，高晓声擅长写农民，王安忆擅长写市民，王朔擅长写“愤青”，苏童则擅长写女性。苏童写女性和男作家不一样，很多男作家仍然用男权的目光来看待女性，像张贤亮笔下的女性基本是依附男性存在，而苏童对女性的态度是摆脱了男权中心的“女性”视野，像《妻妾成群》里的女性与男性的关系，就是一个对男性话语中心的颠覆。苏童写女性和女作家写女性也不一样，女作家写女性不论是有意识还是无意识，都会张扬所谓的女权思想或女性意识，虽然不乏张洁《无字》这样撕心裂肺的力作，但更多的还是停留在对男性社会男性中心的简单反抗和配合。苏童在描写女性时某种程度上又是对女性主义的消解，那些女性相互之间的倾轧和龃龉，有时远远超过男性社会对女性的残酷和恶毒。苏童的这种写作的姿态或许可用“中性写作”来概括，中性写作的态度让苏童充分地坚持了“情感的零度”，这对后来的一些描写女性的小说产生了很大的影响，在一些颇为流行的小说里我们不时能看到苏童的身影在晃动。

很多70年代出生的作家在谈到他们写作的启蒙者时往往都会说到苏童，他们在谈论当时阅读苏童小说的感受时，无不有一种沉醉的感觉。或许苏童小说里天生具有一种时尚的气息，或者年轻人把苏童的小说当成了时尚。这或许与苏童较早地涉及城市文学的写作有关，城市的气息容易与时尚的内容混为一谈，苏童一不小心开了时尚化写作的先河，那种诡异而又略带腐朽气息的都市少年的自寻烦恼，到了80年代韩寒那里就被放大成了叛逆和游走的RAP。我有一次和一位70年代出生后来在网上大为走红的女作家聊起苏童时，她说她几乎看过苏童的所有作品，那一阵太迷恋苏童的小说了，现在说来真是有点不好意思。我能在她的小说中感受到与苏童的某种联系，那种温婉的绮丽小说调子显然比苏童更细腻、缠绵。而这位女作家又是风行一时的网络写作和80后的偶像。

在这么短的文章中去阐释苏童的价值和意义，显然不能充分展开，只能是线条式的，提纲式的，而且苏童还年轻，他会给我们更多评价的机会和理由。

2005、10、7于润民居

渴望史诗：拯救被遗忘的经典写作

——评阿来长篇小说新作《空山》

阿来在当代作家中颇有些“另类”，这“另类”不是他的写作姿态故作先锋状，或扮演什么样的角色，这另类甚至不是他的藏族身份，而是他进入文坛的方式，不同于我们见惯的那些由短篇而中篇最后冲刺长篇小说的写作者，他是靠长篇小说杀进文坛的。阿来在《尘埃落定》之前也写中短篇小说，但反响平平，而《尘埃落定》一出手就四处喝彩，并一举无可争议地问鼎茅盾文学奖。

这说明阿来的写作具有某种经典写作的先验性，因为一般来说，中短篇小说往往容易成为各种新的文学观念和文体形态的实验地，而长篇小说则更适合经典写作方式的表达。阿来写作小说显然是受到80年代文学实验浪潮的影响，他那时并没有脱颖而出，是他的思维与当时的文学语境不对称，90年代之后，大浪淘沙见真情，阿来像退潮之后呈现在海滩上的珠玑被人们发现了。阿来在文坛黑马般的出现，是经典主义写作的一个传奇。

在写作《尘埃落定》十年之后，阿来又推出了他的长篇小说新作《空山》，更加清醒而坚定地坚持经典写作的立场。所谓经典写作，其实是与时尚写作相对的一种写作态度，经典写作是传统写作的创造性继承，而时尚写作则是以反经典写作作为前提，那些“戏说”和改写都是以经典作品为靶心进行射击，时尚写作往往还是先锋写作的俗化和商业化的低级表现形态。在《空山》里，阿来首先对“长篇小说”的经典内涵进行了很好的注解。在长篇小说越来越水的今天，阿来用六个敦实有力的中篇小说来组成强有力的“机村传说”三部曲，不仅表现阿来的营建史诗的雄心和理想，更在提醒人们长篇小说不应只是畅销书和快餐读物，而应是昆德拉所说的人类精神的“最高综合”。

《空山》作为“机村传说”的第一部，分为“随风飘散”和“天火”两部，描写的是一个名为机村的藏地小村落近五十年的社会发展的历史。《随风飘散》写一个绰号“兔子”的男孩的故事，他是民间美人勒尔金措与还俗的僧侣子弟恩波所生。小说把他写成一个脆弱而有神性的孩子，他的出生甚至震动了整个村子，成为机村的圣物，某种程度上延续了《尘埃落定》中那个傻王子的原型，但“兔子”不再作为某种绝对真理的形象出现。与兔子的内心活动平行的，还有另一个出身普通世俗家庭的孩子格拉，他是一个毫无特权信仰的承受者。圣者和俗人的命运平行性发展，结果是格拉放鞭炮让兔子的心脏病发作，兔子的意外死亡也象征着传统而强大的神性世界在新的文化境遇中的尴尬和濒临屏蔽的命运。《天火》更是充满象征符号的叙事，在小说里放火者多吉是个悲壮的古典英雄主义的人物，而那些救火的穿制服的机村之外的人却带着几分滑稽和荒唐，他们救火的方式除了开会还是开会，以至延误了最佳的救火时机。当然，天火最终还是被天雨灭掉的。《天火》写与天奋斗的闹剧，写到大自然对人类逆行的惩罚。如果说《随风飘散》写了神性的失落，那么《天火》则写了天使的愤怒和无知的可怜。

阿来在描写这些人和事时，充满了一种悲悯的宽容的情怀，小说中涉及到新旧观念的冲突，也涉及到不同文化的碰撞，平民与贵族，干部与农民，激进和保守，科学与迷信，这些看似对立有时甚至水火不相容的价值在阿来的笔下都有充分展示的自由和空间。《空山》像一个巨大的容器，盛放着不同价值，并没有像一些小说家简单地用一种意念和思想程式进行解释和图解小说中的生活，用劳伦斯的话说这种小说家就是要把小说钉到这棵树或那棵树上去。劳伦斯在谈到长篇小说时，说过一段非常深刻而又非常有趣的话，“长篇小说是人所发现的相互之间微妙联系的最高典范。每个事物在它自己的时间、地点、情况内是真实的，在它自己的时间、地点、情况之外又是不真实的。如果你要在小说里把什么东西用钉子钉住，这一下不是送了小说的命，就是小说就要爬起来，带着身上的钉子跑走了。”我们现在经常读到这种身上带着“钉子”的小说，一些评论家还会为这些“钉子”叫好，而阿来小说则坚决不使用这些“钉子”，他寻找事物内部的内在的微妙联系，合理地采用榫结的方式，呈现了客观世界自然的生长状态。

之所以把阿来的写作定位为经典写作的范畴，除了他在写作姿态上摈弃了激进主义、无政府主义、保守主义、自由主义诸主义的“钉子”外，还在于他的叙述上的沉静和从容，全无当下小说创作的浮躁之气，体现了从容的古典精神。“跟到村外的人群慢慢散去。只有索波一个人慢慢走向村外。他看见，溪流边，草地上，杜鹃、野草莓、迎春、蒲公英、太阳菊，都争先恐后地开放了。在这片劫后的大地上，这些花朵甚至比阳光还要耀眼明亮。他摸摸眼睛，感觉眼睛有些湿润。”索波的心境也仿佛是阿来的心境，索波的眼光也仿佛是阿来的眼光，在一个“贼光”（张颐武形容当前消费时尚文化欲望化的一个关键词）四射以反经典为时髦的消费文学的浪潮中，阿来的从容和淡然可能是与生俱来的，与修炼和表演无关，其意义就更弥足珍贵。

经典化写作很容易被误解为守旧的同义词，更容易被当作探索和实验的对立面。事实上经典化写作并不是保守主义的哲学，经典化写作恰恰需要作家对文本创新的热情、耐心和功力。时尚化写作的最大特征是创新的热情来代替创新的功力和耐心，以表面的花哨取代内在的力量。经典化写作追求的是形式与力量的和谐与统一。阿来的《空山》在小说的形式方面作了较大的不露痕迹的努力，他把象征主义、魔幻现实主义、黑色幽默等西方小说的手段融化入到文本。在结构上又借鉴结构现实主义的方法，采用花瓣式开放的结构来表现一个村庄的命运沉浮。小说的主人公是一个村庄，而不是某一个人物，具备了史诗的品质。当然，现在我们读到的《空山》只是三部曲中的第一部，它丰富的内涵还有待后两部的创作去完成，我们期待着他一部比一部精彩，在史诗的探索路径上一步一个脚印，踏实而辉煌。

2005、5、22于润民居

逃离与返回的纸上漂泊

和斯妤的相识最初缘于“联网四重奏”。“联网四重奏”当时由四家刊物共同发起，《大家》《钟山》《作家》《山花》都在同一期以重要的位置发表同一个作家的作品。徐坤、朱文、鲁羊、李冯、张梅、刁斗等一大批新生代作家都在这个“网”上奏过，虽然不是因此而声名大振，但四家刊物对他们的发展壮大还是起到推波助澜的作用。这个创意源自于我，并没有特别高明之处，只是巧妙地将刊物的内部组合推展到刊物之外，在刊物和刊物之间形成了一种张力。斯妤是被“联网四重奏”首选的作家，她当时好像刚刚重新写小说（1983年她就开始写小说，但后来完全转向散文），锐气和才情十足，但笔法和格局因深厚的文学功底并不显怯生生的新手模样。因她开了个好头，“联网四重奏”初战告捷。

斯妤是个喜欢思想的作家，她写得一手好散文，又在小说创作领域独树一帜。这两种文体仍然包裹不住她的思想和才情，她又创作出为数不少的随笔。随笔是一种见学识、见经验、见思想的文体，虽然人们习惯把随笔放在散文的门户内，岂知随笔是思想撑破散文之框的产物，随笔更容易见出作家的“作”性。用斯妤的话说，是“思想的呼吸”，是“无法藏匿的自我”。斯妤把小说比作“羊毛”，散文比作“丝绸”，随笔比作“亚麻”，认为在小说里，作者的心灵“完全可以隐匿，可以逃遁，因为小说表现的是对社会的审视，对他人的观察，对人性的剖析”。而在散文随笔里，作者“即使三缄其口，绝对不谈自我，但作者的心灵、思想、气质也必然会在谈书论画、说张三说李四时流露出来”。很显然，斯妤的小说观本质上还是现实主义的客观态度（虽然她的小说形式归属于幻想写实），而散文观则明显地呈现为主观的“内心的声音”，随笔在她，则是疏朗有致的思想的呼吸。

这种主观化的，个性化的写作观念让她直面生活，臧否人生。《无法藏匿的自我》是斯妤阅读冰心、萧红、张爱玲三位女作家散文作品时的不同感受。斯妤在九十年代的“张爱玲热”中，坦率地指出张爱玲的散文是“二流文章”，并对张爱玲散文中的世俗主义倾向提出了严肃的颇有见地的批评。“张爱玲的文章，谈姑母，谈女友，谈音乐，谈跳舞，谈书论画，谈自己的文章，涉猎不可谓不广，见解不可谓不新，但读来总感觉像置身上海的菜市场，热闹是热闹，喧哗是喧哗，五光十色是五光十色，但不过是锅碗瓢盆的交响曲，既不是教堂里委婉动人的圣诗，也不是音乐厅里荡气回肠的交响乐，究竟缺一份神圣，一份丰厚与深沉”。“她的价值取向，基本上没有超出40年代一个上海市民的价值观”。

痛快！淋漓的痛快！我读到这里，拍案称好。

或许张爱玲是故作庸俗平常状，但小说里的日常生活的描写如果移植到散文之中，文学的品位就会降一个格。我读张爱玲的散文总觉得缺些什么，现在斯妤道破，我引为同道，这可能是斯妤的偏执，也可能是我的偏执。一个作家在小说中可以不厌其烦地描绘日常生活甚至可以认同这种日常生活，但散文这种以表达性灵、心情，勾画灵魂色泽的文字，是不可轻易将其沉浸于小市民的愉悦之间。虽然小市民的欢愉也是欢愉，小市民的痛感也是痛感，但我们已有电视剧、晚报诸多的大众媒体去装载这种欢愉和痛感，还是让散文留有这份清静吧。

斯妤对散文的这种偏爱充分体现了她文学上的理想主义精神和浪漫情怀，这种理想和浪漫首先表现在她对语言、文字的那种近乎宗教的狂热喜爱和推崇。她说，“语言是我钟爱所在”。“语言是我们向内心开发的凿子、榔头、电动钻，语言也是我们从内心返回的铲子、吊车、集装箱。离开了语言，我们不能给内心以温度，以方位，以形态”（《语言：背弃与钟爱》）。将内心的表达和语言功能结合起来，斯妤的说法极富想象力，凿子、榔头、电钻、铲子、吊车、集装箱这些混合着传统匠人、现代工业以及现代物流名词术语的比喻，说明语言的巨大功能。但“以温度、以方位、以形态”的表达，让我想起了《旧约全书》里的开头第一句，“上帝说要有光，就有光”。光给万物以温度，以方位，以形态，没有光，万物就永远沉匿于黑暗之中。语言也是光，没有语言，万物也就没有形状，没有语言，万物也就没有方位。

在认识到语言表达内心的本质之后，斯妤还清晰地把握住语言的魔方效应。十五年前，我和王蒙先生曾用魔方来比喻文学的多样性、多变性和丰富性，而斯妤在《语言魔方》一文中用“一种米养百样人”来说明文学语言的丰富多彩。“汉语也是只有一种，汉语也像大米一样，不是一粒一粒就是一串一串，不是一串一串就是一堆一堆，可是只有一种的汉语能够衍生、派生、催生、诞生出多少不同的语意、寓意、情境、情景、风格、风采、思路、思维、内涵、外延啊”。米的比喻与光的联想可谓是上天入地，光照万物是九天之上，米生长于大地，与我们的日常生活休戚相关，斯好对语言创造性的理解堪称是自创一格的语言哲学，尤其是将汉语比作米可谓深得汉语的精髓，也把语言在文学之中独特的表现功能形象表达出来。

斯好还能清醒地意识语言的局限，这就是语言中声音和文字的区别，在声音和文字之间，她发现文字可能比声音更忠实于自己的心灵，因此她选择沉默，选择沉默的文字。“只要你开口，它必然是和你内心的安静相悖的”，这近乎禅宗式的判断，又从另一个方面道出了语言另一大特性。她把自己的作品用文字表达称为“内心的声音”，并认为写作“可以拓宽生命，延长时间”。文字在斯好的心目中是那样的美好，“那颗粒一样既熙熙攘攘又井然有序地浮在纸上的文字”，“足以抵御浮华喧嚣的物质世界的侵扰和诱惑”。斯好把这种状态理解为“臣服”，臣服者，乃是对至高无上大帝的皈依也。斯好对文学的虔诚和挚爱显然已成为她生命的支柱，因此她将自己的生命定位为“纸上生活”，一种对自己灵魂负责任的精神漂泊生涯。她在逃离世俗生活时，是为了返回精神家园，她在逃离孤独沉默时，又是返回人生的真实状态。语言、文字、光、米、家园、灵魂这些美好的思想和美好的想象构成了她写作的空间框架，她行走着并不知疲倦，她言说着并渴望沉默，正像她自己说的那样：

“我现在的渴望是离开，但同时我知道，下一个渴望一定是返回。”

2003.11.22核桃园

李承鹏是一种文体

上网的人无不知道有一个大眼李承鹏。又有人称之为“大眼贼”。这个1968年出生的人，浑身充满了猴气。属猴的中国人容易让人想起孙悟空，这个弼马温，这个自称齐天大圣的猴子搅得三界不宁，几次捉拿他都被他逃脱。李承鹏的猴性体现在他对足球界的搅局能力，也体现在他对一些事情近乎预言的判断力。他在足球界七次被封杀，但练就了一双火眼金睛，拨得开迷雾，见得出是非。

这个猴气十足的人又出生在新疆哈密，新疆是一个疆域广阔的地方和四川盆地相比，一个是凹，一个是凸。凹凸的文化让李承鹏难以小气，气势凌人。当然，川地的灵性又让李承鹏的文字滋润无比，当然麻辣火锅的雄起劲和“麻匪”的狠劲让李承鹏的文字刀刀见血，笔笔芒刺。在足球界，在媒体，在网络，李大眼热度空前。

李承鹏写足球评论起家，但近来进军文学界，进军他笔下百孔千疮的文学界。人有时很怪，李承鹏在足球界俨然大佬，虽然屡被足协封杀，但继任者韦迪还是要诚恳地邀他赴宴。政府帮足协打黑之后，李承鹏或许觉得关于足球的言说难有更大作为，就关心一些比足球更大的领域。这一次《李可乐抗迁记》写的是钉子户，钉子户原是一个不顾大局的贬义词，但近来怎么会变得有一种悲壮的烈士之感。时代在变化，语词也在变化，语词在不断灌输新的内涵，语词也在转换自己的身份，“同志”“小姐”这些过去比较纯粹的词今天也变得暧昧多义起来。

其实，李承鹏就是足球界的钉子户，他当年一不小心混入足球界，搭了个记者的棚子，从此就在足球界扎下了根，再大规模的拆迁运动也难不倒他，拒发记者证，拒绝入场，甚至被推上了法庭，被视为无理取闹的主。但李承鹏像李可乐一样，抗迁，拒迁。要不然，李承鹏怎会如此深切地理解拆迁者的命运呢！李承鹏对钉子户有一种本能的敏感。记得《阿凡达》大火的时候，一般人看到的只是科幻、环保、想象力，而李承鹏看到的却是钉子户。我读到他的这篇博客之后，惊异其立足之高远——站在宇宙之外来俯瞰人类、地球、宇宙，惊叹其思想之贴近——时时不忘人间疾苦小民之抗争。

很多人喜爱李承鹏的文章，李承鹏有很多粉丝，我也是他的忠实粉丝。与其说李承鹏是一个球评家，不如说他是一个思想家，与其说李承鹏是一个思想家，不如说他是一个文体家。作为一个球评人，其文章很快就会消失，读球评乃图一时之快。作为一个思想者，李承鹏虽然尖锐，但他说的那些关于民主、自由、人权的话题，是一些常识，是一些生存的基本理由。李承鹏受关注的原因不是他说出什么深刻的思想，而是他从这些常识出发，去衡量、判断、鞭笞足球界的一些现象。他是一个杰出的时评家。当然作为一个文学细胞发达的人，他不是纯然从掌握的事实出发，有时带着想象、推理和悬疑的态度来进行判断和猜测。他惊人的想象力和推理能力，常常成为伟大的预言家，在网上成为可爱的章鱼哥哥。但也因为文学性太强，被怀疑和质疑。所以，李大眼在攒足人气之后，索性开始了小说的写作。小说毕竟可以无限想象，无限推理，无限悬疑。解放了的李承鹏，在文学的道路上撒得欢。

这是他遇上的一个文学的痛苦的转型期。新文学近百年的辉煌随着网络等新媒体的出现，进入前所未有的冰河期。新文学乃以自豪的文学期刊在大面积萎缩，支撑新文学的群众基础在崩塌——读者严重流失。文学如何与新媒体结合，文学如何重新获得读者的信任，文学如何在网络上凤凰涅槃，是很多作家的困惑所在的突破难点。而李承鹏这么一个在80年代文化和文学语境里长大的60后，又谙熟新媒体的属性和路径，率先突围，即使足迹歪歪斜斜，但依然是先行者和突围者的身影。像一个钉子扎在传统文学的基地上，又像“林中的响箭”昭示着某种方向。

说李承鹏是一种文体，因为他秉承了鲁迅的犀利、恶毒，王蒙的杂色和意识流，大仙的诗意和武侠，当然还有来自他生活过的新疆的野性、龙门阵的浮华，更有李承鹏式的煽动。煽动是一种难以模仿的文风，来自血缘，来自星座，来自力比多。煽动必然招惹是非，是非则永远连带着诉讼，煽动必然揭穿谎言，而揭穿谎言又必定在谎言中行走，在谎言中行走又必须时时来洗脱清白。这就是李承鹏式的文体，带着新闻的眼，文学的手，人道的心在与各种错误和不一定错误的势力和姿势作战。他们不一定是风车，有点是汽车、火车甚至坦克。但李承鹏始终一杆长矛，且战且退，且战且进。这样一种融文学、新闻、网络、影视、段子诸多文体的承鹏体，嬉笑怒骂，荤素搭配，雅俗混合，让人爱恨交加。

改革开放三十年的时候，都说思想解放，但没人说文体解放。思想解放首先是从文体解放开始的，五四新文化运动从白话文着手，“我手写我口”。改革开放，也是从文体变化开始的，也是从广东开始的。当时的新闻的文体基本是新华体（新华社的语体），连体育评论也是如此，但《羊城晚报》的范柏祥率先用章回体来言说体育新闻，表面是活泼内容，实际是潜文体革命。之后有《足球》报横空出世，开创文体革命的先河。球评不再是球评，大仙、邹静之等人的球评说的不是足球本身。1982年，我在县委大院工作，我个人订阅一份《足球》。全大院就这一份《足球》，常常被传阅破了，才到我手上。

那时候，我就迷上了足球，因为球评而迷上足球。我想成为一名球评家，但不幸的是进入球评界比文学界难多了，虽然1995年我在《粤港周末》开辟足球专栏，且与当今如日中天的董路专栏左右遥望，我主左侧，他在右侧，但我依然没有入行。待我看到李承鹏的球评之后，我觉得我的努力已经有人完成。于是我放弃了进入足球界的梦想，除了世界杯期间技痒来几篇外，平常只看不说。没想到如今足球的评论加进了文学功能之外，如今会成为时评，那样触动社会的神经，会成就文体大师李承鹏。

李承鹏，大眼，看得远，大胆，敢说敢写，还要有颗大心脏。

另一种“80后”：清贫、状态、洁净

第一次读到的马金莲小说是发在2011年第11期《回族文学》上的《鲜花与蛇》，一下子被吸引了。因为国内的文学刊物很少以白色作为封面的，而《回族文学》可谓别具一格——当然，白色在回族文化中是高贵的色彩。

就在这一期的《回族文学》上，我惊喜地读到了马金莲的《鲜花与蛇》。当时，我还在《中华文学选刊》，嘱咐编辑别遗漏了这篇好小说。从那以后，马金莲这个陌生的名字，开始引起了我的关注。之后我又读到她的《难肠》等小说，而我在写这篇评论的同时，又读到她发表在《民族文学》2013年第9期的中篇小说《长河》，在审稿的过程中，我一反常态，不停地在稿件上圈点，并不时在边上写上“精彩”、“生动”的字样，这是一个老编辑、老评论家难得有的情不自禁的喜悦。

马金莲也是“80后”女作家。现在人们一提起“80后”作家往往都与叛逆、时尚、都市联系到一起，似乎“80后”是所罗门瓶子里释放出来的魔鬼，而马金莲的小说为我们展示了“80后”的另一面：冷静、淡定、从容。她有鲜明的女性意识，但她的女性意识被包裹在她人物的生存状态之中；她有鲜明的时代意识，但她的时代意识不是在城市上空飞行，而是牢牢扎根在西海固那片荒芜贫瘠的黄土地上。马金莲保持着女性叙事的纤细和柔软，她下笔绵密如针脚，她用笔绣出来一幅幅日常生活的图景。马金莲的小说中，无论情境还是事件的呈现，都极具画面感。流动的画面如摄像机拍摄的一般，冷静客观地记录着西吉贫困地区老人和妇女的生活状态、生老病死，展示着人性的卑微与韧性，给读者带来温情与苍凉的复杂经验。她的笔，很少涉及波澜壮阔的惊人事件，也很少写气壮山河的英雄。 她是一个摄取日常生活，在平凡的原生态气息中，沉着地摹写西吉贫困地区底层小人物的人道主义者。她用笔摄制普通人、底层人民的生活纪录片，在她的笔下，一幅幅画面构成冷静的生活状态流，她把这最平常的素材剪接成了起承转合，暗藏生命大况味，追求大味至淡、大道无形的境界。

短篇小说《难肠》中的“她”，是一个连名字都没在小说中出现过的西吉普通农村妇女。但读者能通过“她”日常劳作、奔波、居家及回忆的一帧帧流动画面，看见西吉人的生存本相，甚至能通过“她”了解中国农村贫困地区底层妇女所处的困境。“她”作为一个好媳妇，要照料好公婆、丈夫和孩子；作为女儿，因无子的亲生父母老无所依，“她”怎么忍心不去照顾，但丈夫却冷眼漠视。“她”爹娘也曾对她说过：“留恋娘家的女子不是好女子。”传统中国有“养儿防老”之说，而当地老辈人传下来的是“灰土打不了墙，女儿养不了娘”。妇女在娘家与婆家之间纠结，尤其遇见“她”家这情形，“她”最幸福的光景就只剩下回忆中的童年，如定格的照片：父亲编织竹器，她和姐姐争着给父亲递竹篾。而另一个画面则是：父亲像一个讨饭的人一样，站在“她”家门外等着“她”给饭，他不肯进门，“鼻尖上掉下一滴清水样的鼻涕。他不知道擦去，那鼻涕越来越大，快要落下来时，才见他伸出袖子揩了。他眯起眼睛迎着残阳打量，看了一会儿，眼角有了水，还是用袖子揩一下，接着看”。作为一个冷静、客观的作家，马金莲没有回避也没有更改现实生活的状态，她截取生活的横截面交给读者，把思考空间留给读者，把观察者女儿“长恨此身非男儿”的内心暗涌暗伤，还有一个父亲的惨淡晚景，以及他维护自尊的最后抗拒分毫毕现于特写中。我把2012年发表的《难肠》视为马金莲一篇展示深厚叙事功底的优秀之作。

马金莲并不是突然写出《难肠》的，老人尤其妇女的生存困境，在她的其他作品中早有端倪。《鲜花与蛇》写的是农村妇女阿舍连生两胎女儿后，只剩下政策允许的最后一次生育机会。阿舍心想：“一个女人，生不出儿子来，上对不住老人，下对不住丈夫，在亲门党家甚至整个庄子里，都抬不起头直不起腰，活得不如人。后半辈子，免不了处处受人窝囊气。老了，女儿全嫁走了，剩下老两口，眼前连个烧水做饭的人都没有。”所以，这个农妇阿舍一心想生儿子。按照当地的说法，孕妇梦见鲜花生女儿，梦见蛇生儿子，阿舍常梦见鲜花，这把她吓坏了。女人一生，只有有了儿子，才能像《鲜花与蛇》中公婆自述的：“下了一辈子苦，拉扯了一辈子娃娃，侍候了一辈子人，柴米油盐守着锅台转了一辈子，现在熬成婆婆，娶了儿媳妇，该是她缓下来的时候了。”现实如此，《难肠》之所以“难肠”，因“她”的父母没有儿子。

不但写作内容在她的创作中是延续性的、流动性的，而且展示生活状态流的做法，也是马金莲一贯的做法，在反复实践后她用得越来越娴熟，在《难肠》中可以说用得得心应手。《鲜花与蛇》也是工笔描绘的一幅幅画面，构成生活状态流。只不过，在《鲜花与蛇》中，故事没那么紧凑，显得有些松散，主要原因是画面起承转合气韵略微滞涩，呼应性不强结构意识不强，于是，小说情节显得骨感不足而肉感过剩。《鲜花与蛇》局部十分生动，但对读者的阅读耐性依旧会是一种考验，好在这是一部短篇小说，如果是中篇问题就会更明显。等马金莲写到《难肠》时，问题得到了有效的解决。一是作品中有若干具有线索性质的画面强化了结构的紧凑性，如静悄悄的院子里关着的房门、父亲编制竹器、吃饭、睡觉；二是作品中的画面具有对比、烘托、对应性，相互之间产生张力，如父母施舍乞讨者和乞讨者一起吃饭的画面与后来父亲到“她”家等饭的画面；三是人物的精神气韵贯穿在作品中，如小说中的父亲、母亲的卑微和自尊、韧性。

中篇小说《长河》可以说是到目前为止马金莲的代表作，这部小说从春夏秋冬四季写了四个葬礼，男女老少四个人或因为病灾、或因为贫穷、或因为自然老去走完了生命的最后一程。“我的父老乡亲，在泥土里劳作了一辈子然后到泥土下面安睡，睡得沉稳，内敛，静谧，一如他们生前所具有的品行和经历的生活”。在这部小说中，马金莲在保持她冷静、从容叙事的风格的同时，又展现了她超常的艺术才情。在女性叙事层面上，可以说这是一部当代的《呼兰河传》。马金莲和萧红一样写出了家乡父老乡亲在苦难中的人性美，写出了死亡的洁净和生命的尊严。鲁迅在为《生死场》作序时称赞萧红写出“北方人民对生的坚强，对于死的挣扎，却往往已经力透纸背”。马金莲写出了西海固人民的生的坚强，同时也写出了他们对死的洁净和崇高。“村庄里的人，以一种宁静大美的心态迎接着死亡”，“死亡是洁净的，崇高的”，尤其写少女素福叶短暂的一生，灿若桃花，唯美之至。

马金莲的小说平淡，但在平淡中蕴藏着一股力量，这种力量来自信仰，来自内心的强大。张承志迷恋西海固，在那里写出了《心灵史》这样的伟大作品。和张承志的强悍和倔强不一样，马金莲的力量是在表面上看不出来的，甚至是柔弱的，但你能感觉到那种无形的存在。《难肠》中的父亲不识字，但会手捧《古兰经》像识字一样认真地看经书；《孔雀菜》中的李富贵第一愿望是希望儿子好好读经，成为阿訇。马金莲的笔下，常见人们捧着《古兰经》，在苦难中，经让人安泰。捧经的人，安守认定的本分，内心祥和，哪怕是面对无常。《难肠》里“她”的母亲去世，小说有这样一个画面：“院子里静悄悄的，窗帘门帘都没有搭起来。等她推门进去，父亲蹲在地上，正在编一个笼子。再看炕上，母亲直挺挺躺着，脸上盖着她用过的一片白头巾。她揭开看，母亲早就无常了，只见她五官平顺，头上的盖头戴得端端正正，衣裳鞋袜也都穿戴齐全。”母亲去世了，父亲说给她念过讨白了，不用哭。讨白是穆斯林向安拉悔罪的一种形式。一个和父亲过了一辈子的女人走了，再也不会回来，但在父亲的语句中这显得很平常。马金莲笔下的父亲是有信仰、有精神品格、善良而卑微的小人物，她塑造的类似底层百姓不少。

马金莲作品中冷静的生活状态流，轻戏剧性而注重生活的实感和日常肌理，以人物为根基，用画面组接故事，注重情境再现时表象的细节，内在情绪、意蕴的暗示，她不刻意提炼象征体，而是展现生活的原生状态，作品自然、真实、质朴。马金莲生活在贫困、干旱的西吉，她怀着爱意守望西海固，对故土投去冷静、苍茫的目光。在冷静的背后，又时时闪现着一种温暖的胸怀，而这温暖来自于悲悯的情怀。

在写作本文时，我在网上搜索了一下马金莲的资料，发现这个作者的人生历程也不像那些“80后”那么幸运。她来自于西海固的穷乡僻壤，2003年师范毕业后在家务农，而后结婚，担任小学代课教师，而后经过考试成为正式编制的小学老师。她在自述《这之前的时光》中说道：“2007年，知感真主，感谢生活，感谢我的良师益友，我看见了命运的笑，感到了生活的温暖。以后的日子，我要好好生活，安安静静地写作，拄一支笔，在小说的路上不管能走多远，我想只要坚持走了，便对得起生活，对得起这一生。”与生命相伴，与文学相伴，安安静静地写作，马金莲的路很长，也有更大的空间发展。

从鲁迅散文到博客家园

我一直认为，鲁迅的散文《野草》、《朝花夕拾》是新文学的高峰，至今无人超越。他的杂文更是将笔记、随笔和檄文不露痕迹地完美地结合起来，至今也无人超越。甚至杂文随着鲁迅的逝去，这一文体的存在也显得有些“世遗”（世界文化遗产）的味道，一个杰出的大师创立的一个艺术种类，是不能让它轻易消失的。

鲁迅的有些小说也是散文化的，《故乡》如果作为一篇散文的典型文体，选入中学教材或许更有利于学生理解散文的文体特征。《一件小事》也是散文的路数。这丝毫不影响鲁迅作为一个优秀的小说家存在。他的小说被人们充分认识，也为人们广为继承。但散文似乎不大引起人们的关注，至少关注不够。他的一些学术著作，比如《中国小说史略》其实也是用笔记的文体写就，而非我们现在流行的文学史体。

我对鲁迅的喜爱是从散文开始的，在《向鲁迅学习爱》的一文中，我说到了《两地书》对我的影响。而第一次读到《野草》的序言，我一下子明白了鲁迅的伟大所在。一直想写一本关于《野草》的论著或长一点的论文，但老觉得笔力不逮，就将这些感受和心得写成了随笔发表。在这位革命家、思想家、文学家的散文里，我发现有一个柔软的鲁迅、忧郁的鲁迅和怀旧的鲁迅，我的写作就不再担心孤寂和寒冷。

上个世纪90年代初的随笔热也将我卷入其中，我最先写的评论是发在《南方周末》上的《我的墓志铭》，是马莉强烈约稿的结果。而这篇文章是我生病住院时的感慨，投给她，很快用了。之后又催稿，我又写了《座右铭》《陋室铭》，也很快用了。之后就有很多报纸副刊约稿，我在南京的《扬子晚报》还开了“闲话南京”专栏，因为报纸发行量超百万，很多熟人、朋友看到都礼貌性地夸赞，我也当其真，对随笔的写作更加投入。当时，江苏作协的小说家赵本夫就看出苗头：“你写的散文不是常规意义上的，不一样”。我自己没感觉到，但我在写评论的时候，倒是有意地追求一种随笔化的写法，在评论中加进叙事、抒情，虽然不学院派，但可读性要强一些。2000年冬到北京工作后，我又在《北京晚报》上开设《王干作文》的专栏，写了《北京的春》《北京的夏》《北京的秋》《北京的冬》等关于北京生活的文章。但常常因为篇幅和时间的问题，感觉还是有所局限。

2005年以来，博客热起来了。我起初也是“被博客”的，新浪的一位编辑是熟人，自作主张的为我开了博，我也没去赶这个时髦，直到有人在网上冒名顶替，我才开始写作我的“官博”来。现在收入《王干随笔选》里的文章三分之一多居然是来自博客上的。博客被称为“自媒体”，我很快就喜欢上它，我在“六一儿童节”开博，希望自己能够让自己的博客保持几分天真和自由。人可以按照时间的规律变得老朽，但博客要有一颗年轻的心。

博客和纸媒的区别在于，你是主动的，你是你的上帝，你是你的领导。啥时可以写，啥事也可以写。可以写长，也可以写短。可以写，也可以不写。比如我那篇引起广为争论甚至变成“两会”提案的博文《五十年内废除简化字如何》，在传统的媒体上是很难出笼的，而博客给这样一篇“石破天惊”的观点问世的机会。迄今为止，我在博客的点击量近四百万了，和时尚达人相比只是个零头，但在文化人博客里还在前茅之列。

博客的一个特点是杂，博者，杂也。而我这人生性好奇，对很多事情有兴趣，喜新恋旧。新如博客、微博这样的刚出炉的热烧饼，旧如古琴、围棋这样的老古董，洋的足球，土的似楼外楼这样的老菜馆。饮食、风景、气候、南方、北方这些能够触动我审美神经的，我一一记录下来，长短随意，冷暖自知。不求献媚于江湖，但求自由在笔端。

这让我想起了鲁迅的杂文，杂文以前应该隶属在随笔的门下，但因为鲁迅的特立独行，形成了一个新的文体，叫杂文。而小品文则因为鲁迅论敌的标榜而渐渐不被提起，其实杂文也好，小品文也好，都是随笔。鲁迅的杂文在今天读来，就是绝妙的博客。随笔在经过多年的漂泊之后，终于在博客找到了家园。

博客还有一个好处在于互动性强，避免了文人自恋的膨胀。文人多少会有一点自恋的情怀，但如果过分了，就会变得雷人，自己也会很累。博客那些严厉的“砖块”，常常让人缩起自恋的尾巴。

2010.10.20于朝内小街

批评对我来说，是条鱼

有时候很清醒，更多的时候，是困惑。清醒是短暂的，瞬间即逝的，把握不住的，而困惑是长久的，挥之不去的，我甚至认为就是与生俱来的。我在不清醒的时候就写评论，在评论的过程中企图洗脱自己的困惑，显然，那些平庸的作品让我清醒，而伟大的作品则加浓我的困惑。我是一个困惑的人，尽管批评本身要求我清醒如圣，我自己也经常作清醒状，但我知道我的内心是困惑的，我自认为写得好的文字都是在表达我的困惑，写得清醒而又有点自得的往往是不太好的文字，甚至是虚伪的文字。

我是一个极度痛恨虚伪的人，我曾经把自己的终身的使命定为要与虚伪作斗争，像契诃夫终身要与小市民的庸俗为敌一样。但我发现，难。有时候自己也不得不容忍那些虚伪的言辞和虚伪的表达，因为在从事文学批评活动以后，发现彻底的真诚会损害别人，当然也会损害自己。在一个文学平庸的年代，真正的批评往往会感到生不逢时，或者说真正的批评家也只能平庸下去。如果显得不平庸，就必然会写些糊涂的文字。

关于文学的真理让亚里士多德和孔子这些先哲们差不多已经说尽，我们能说的只是重复和再次重复。依照文学的经典条文去套文学文本，是件简单而无聊的事。我们显然不能满足于这样的表述方式，我们努力在寻找能够不同以往的方式，十年前我在出评论集时曾经想把自己的批评定位于“南方的文体”，现在想来是词不尽义。“南方”作为一个地域文化显然会影响工作者的思维，更多意义上是风格学界面上的。而今天我发现，批评对我来说，是条鱼，它游弋于理论与作品的河流之间，沉浮在理性和感性的水波当中，永无尽头，也接触不到真正的彼岸。

当文学的浪潮汹涌澎湃的时候，这条鱼的游姿也会波澜壮阔甚至会有点“鲲鹏展翅九万里”的英雄气概。当文学趋于平静的时候，这条鱼就折腾不了大的声势，在水中像一片水藻一样平常。有时候也有些可悲，文学是水，批评是鱼，这么一种鱼水关系，批评对创造的依赖是不言自明的。但不要以为作家就是文学的河流，作家也是鱼，他们和批评者一起创造文学的河流，他们同在文学的河流里同呼吸、共命运。

在这样的情形下，我们来到了网络时代，或者说网络来到了我们的时代。网络的一个特征就是你说我说大家说，一个真正的多元共存的空间，虽然网络也同样不能幸免报刊审查制度，但网络对发表权、言说权的极大解放超过任何时期，对满足广大人民的发表欲也是功德无量的历史性里程碑。当然极度自由的言说不仅让言说失去了分量，也让自由失去了分量。后工业时代和电脑时代搅拌在一起，就是让很多具有分量的事物降低分量或者变得没有分量，让一些没有分量的东西变得有分量。比如宫殿的建造在过去是何等重大的历史事件，而在今天一个非一流的房产开发商在短时间内就可以营造一座宫殿式的建筑，并且用自己公司的名字甚至个人的名字进行命名，宫殿这么庞大的叙事一下子失去了分量。一个电视观众因为收看了电视回答了几个近似弱智的问题，就因此被邀请到电视台奉若贵宾，享受近乎国宾的礼仪，而他可能获得的只是厂家滞销的一两件电子产品。在平等自由的意义上来说，国家、皇上的宫殿和开发商的楼盘、普通市民的房屋都具有同等居住价值，而在以前，普通百姓是不能居住在那么豪华那么高大的宫殿似的建筑里的，而现在建筑冲破了等级森严的宫殿制度，旧时王谢堂前燕，飞入寻常百姓家。

网络上自由言说的出现就像城市里四处挺拔而起的宫殿似的建筑，而我们这些以前文字和语言的宫殿的制造者们看着那些不顺眼的“楼盘”，心里难免有些酸意，他们肆意的不规范的言说让我们的言说分量变得轻起来，他们的无拘无束让我们的文字越发显得过于格式化和宫廷腔。我们曾经以为自己作为社会的良知、作为历史的见证而存在，甚至把自己作为政府的监督者和批判者而存在，在网络的自由言说群面前，文学就显得有些多余和矫情。尽管无数的人想通过网络进入文学也有无数的人由网络进入了文学，但文学已经是旧的宫墙，并不是真正的通道。我的困惑依然是困惑，我的清醒依然是不清醒，我的文字依然是怀疑，我的言说依然是灌水。

“灌水”，这个网上发明并流行的词实在是太妙了。我第一次听我女儿说这个词的时候，我想到的是小学课本上几个著名的关于水和灌水的故事。一则是说鸟儿渴了，看到瓶子里有半瓶水，但瓶颈太小，鸟的脖子伸不进去，鸟儿就衔来小石子，填进瓶里水就浮上来了，鸟儿喝上了水，解了渴。另一则是说司马光砸破缸的故事，童年的司马光看到小孩掉进水缸里，众人不知所措，司马光搬起一块石头砸破水缸，水流出来了，落水者得救了。另一个故事是说小明（好像是小明，或者其他什么小）和一帮小朋友玩皮球玩得正起劲的时候，球突然掉进了一个比较狭小的树洞里，拿不出来，大家都很着急，小明想出了一个好办法，就是用盆装水往树洞里灌水，不一会儿，皮球就浮了出来，游戏继续进行。很显然，这几个故事都是农业文明智慧的产物，带有强烈的农耕色彩，小石子，树洞，水缸（肯定是太平缸，用来消防的），皮球而非足球，它们都与水有关，或者是取水、或者是放水、或者是灌水。我怎么也没想到网络如此后现代的载体竟会使用农耕时代的那么土的语符，但我后来发现用它来比喻网上发帖子、发言实在是“绝配”。灌水，它彻底颠覆了我们多年来对“发表”的崇拜，作为那个时代的文学青年，作为那个时代的书写者，我们知道发表是怎样的艰难，而发表又是怎样的荣耀。在一个意识形态为中心的年代，发表虽然没有更多的经济利益，但却有可能因此改变命运。因而到现在，还为发表而焦虑。记得我在高邮工作的时候，有一个文学青年怎么写也发表不了，终于有一天，他向全城朋友宣布，他的文章在省电台“发表”了，大家惊愕之余又为他高兴，但没想到，只是他点播的一首歌被播了。

可怜的发表欲。

发表是证明自我能力的一种方式，发表在当时不只是文章公布于众，发表还意味着拥有话语权，至少参与了话语权的分配。虽然文学在边缘化，但网上还是有那么多的文学网站，还是有那么多的人在写着、“发表”文学作品，如果点击率高了，被转发了，还会因此出点名。因此，有无穷无尽的水在灌，有无穷无尽的话语在流淌。

我不知道每天有多少人在灌水，他们究竟为什么而灌水，但我知道我的写作其实也是一种灌水。我曾经把自己的书写看得极为神圣，也曾经觉得自己的文字多么庄严，也曾经认为自己的批评应该如何拒绝虚伪，尽管我到现在并不认为那种神圣、庄严、真诚是多么可笑，但我现在也觉得自己的写作其实也是一种灌水。这不仅在形式上，我和那些灌水者拥有同样的面貌和同样的自由，更重要的是我们面临同样的话语纷杂的灌水时代，我们已经丧失了不灌水的可能，生存着就意味着面对灌水，不仅是网络，电视、报纸、刊物以及所有的媒体都在以自己的方式灌水，我们别无选择，我们可能在沙里淘金，也可能在稀释我们已经成形的精神之液。和那些年轻的新的灌水者相比，我这个老灌水者多了一份责任和虔诚。

我把新近写的评论和这些年来没有收到书里的评论放到一起，起名为《灌水时代》。一看，最早的居然是1986年写的《我的树在哪里》，时间跨度居然达20年了。一想，我为这世界灌了多少水，浪费了多少纸张和人力，而且，我今后还得继续灌下去，像网上说的那样，生命不息，灌水不止。只不过有时候我觉得我在往瓶子里加石子让水浮上来，有时候则要砸一砸水缸，要让水流出来，更多的时候可能是灌水，和我的同行一起，一盆又一盆，往那个不知底细的树洞里灌水，要让皮球从树洞里跑出来。这样过了一年又一年，水有时候把自己都淹了，都泡了，皮球还是不上来，真禁不住要怀疑那个树洞里还有没有皮球的存在。

等水大到把自己漂浮起来的时候，我便成了一条鱼。或者说，这些年我已慢慢忘记了那个皮球的存在，在水族世界里游弋着、呼吸着、张望着，行于所当行，常止于不可不止。

2005年春节于北京润民居

THE LATEST LITERARY CRITICISM BY WANG GAN ∣ 读典

影响的焦虑

——红楼梦与当代小说创作

自《红楼梦》诞生之日起，它的两大主题一直受到人们的关注。一是以脂砚斋等人关于家族盛衰的色空主题，也就是张竹批在《金瓶梅词话》中所说的“冷热金针”的主题。一是永忠等人对情痴主题的赞扬。这两个最早《红楼梦》传播的圈子各有侧重，情痴的主题在《西厢记》、《牡丹亭》里已经有非常充分的表达。但关于家族兴衰的主题似乎是中国文学史带有开创性的，尤其通过家族叙事结构来展现人物命运和时代风云的变幻一举奠定了长篇小说的不可动摇的地位。

《金瓶梅词话》是写“冷热金针”，但《金瓶梅词话》涉及的只是一个家庭的兴衰，《红楼梦》则通过荣宁二府、四大家族由“锦衣纨绔”而“树倒猢狲散”的巨大变故全方位地立体地展现清代中期中国社会的全貌。这种以家族叙事开启了后来小说革命的先河，因为在《红楼梦》之前的长篇小说，虽然在刻画人物、展现时代上有成功的经验，但基本上是以话本小说的方式在传播，是通过讲述的方式进行传播，而《红楼梦》率先打破话本的格局通过文人的阅读来传播，这种家族的叙事的凝聚力对小说传播方式的改变有着至关重要的作用。

“五四”以降，新文学开启了全新的历程。在诗歌、散文、戏剧方面突飞猛进，但长篇小说的成就似乎要逊色得多，叶圣陶的长篇小说《倪焕之》虽然被茅盾称为扛鼎之作，但今天看来仍像一部大中篇。而之后巴金的《家》、老舍的《四世同堂》、林语堂的《京华烟云》以及张爱玲的小说，则全是向《红楼梦》的致敬之作。他们都以家庭、家族为结构来展现时代风云的变幻、人物命运的动荡。虽然西方小说不乏长篇小说的借鉴之作和楷模，但中国作家对长篇小说的认同几乎习惯性地将《红楼梦》作为一个标杆，作为一个母本。甚至写出《子夜》的茅盾曾经改写过《红楼梦》，在改写的过程中剔除了秦可卿、二尤的内容，重点着眼于大观园的兴衰。而另一位作家张爱玲更是超级的红学家，不仅小说叙事深得《红楼梦》家族叙事的苍凉之韵，甚至写出《红楼梦靥》这样的红学著作。

到了当代，作家们对《红楼梦》的喜好并没有受到太大的限制，一些作家的写作仍然找得到《红楼梦》的影子，欧阳山的《三家巷》承袭的依然是《红楼梦》的家族叙事结构，而孙犁笔下的女性形象不难找出大观园的影子。新中国成立之初十七年长篇小说经典的“三红一创”中的《红旗谱》至今得到一些文学史家的认可，很大程度上也得力于小说所采取的家族叙事结构。小说通过冀中平原朱老忠、严志河两家农民三代人和地主冯老兰一家两代人的世代恩仇，生动地描述大革命失败之后当时的社会矛盾和城乡之间的阶级斗争。

进入新时期文学，《红楼梦》的家族叙事结构不仅在写实主义作家陈忠实、张炜、贾平凹那里得到张扬，在先锋作家反而率先凸显出来，莫言、苏童、叶兆言、格非等人的中篇小说通过对家族的窥视、回望、追忆，透过家族的溃败历史展现新的历史主义的叙事风范。莫言的“红高粱”系列、苏童的《罂粟之家》《妻妾成群》、格非的《青黄》、叶兆言“夜泊秦淮”系列以及铁凝新近创作的长篇小说《笨花》，都是以家族的视角来展现人在特定历史时期的困境和精神状态。

这一时期的长篇小说取得了令人瞩目的成就。张炜的《古船》以历史唯物主义的眼光对胶东地区洼狸镇三个家族之间的近50年的恩怨情仇进行独到的洞现，对发生在那块古老土地上隋、赵、李三家的残酷而血腥的斗争进行客观而深刻的描绘，结构方式有点类似《红旗谱》，但作者超越历史的思考和局外人的旁白让家族叙事灌注了新的内涵。作家的某些思考甚至有些脂砚斋点评的味道，比之《红旗谱》更具有现代小说的意味。

之后出现的《白鹿原》在继承《古船》的批判精神的基础上，更加拓展了《红楼梦》里家族叙事的境地。它以陕西关中平原上的白鹿村作为小说的大观园，通过白姓和鹿姓两大家族祖孙三代之间的纷争，浓缩了近百年中国农村土地上的恩怨情仇、爱恨苦乐，写出了历史、土地、人之间的复杂纠结，由此生出的人性的扭曲、历史的沧桑、时间的轮回，尽在其间。加之作家对风物器皿的精细描述，有着令人震撼的史诗风格。

和《古船》《白鹿原》的厚重和沉重不同，王蒙的长篇小说《活动变人形》是公开表白受到《红楼梦》影响的，但王蒙没有像《古船》《白鹿原》采用三个家族之间对立的结构关系，摆脱了阶级斗争的模式，而是以一个家庭内部的矛盾、纠结和缠斗来展现“五四”新文化运动之后中国社会浓缩到家庭内的文化冲突。浪荡子倪吾诚是倪家的贾宝玉，但远没有贾宝玉幸运，家里的三个女人静珍、静宜以及她们的母亲是倪吾诚的克星，她们之间的“战争”伤骨伤肉，直戳死穴，是王熙凤式的，赵姨娘式的，全无诗意。

这三部作品通过家庭的和家族的沧桑来书写灵魂的困境与挣扎，以一个家庭(倪家)、一个村庄(白鹿村)、一个小镇(洼狸镇)的变迁来折射整个中国的历史进程，都是堪称民族心灵史的伟大作品。

意象小说的深远影响

中国文学的传统非常重视意象的营建，虽然在中国文论里出现意象一词比较迟，但中国文学对意境的推崇和意境理论的研究，实际上接近了后来的意象理论，所谓“象外之象”、“境外之境”，都是意象理论早期的阐释。而意象派大师庞德创立的意象派实际也是从中国的唐诗里面受到启发的。因而中国文学的理论根基实际是以诗论为基石的。因而《诗经》、楚辞、唐诗、宋词都充分体现了意象的美学理想和美学价值。

在《红楼梦》出现之前，这种以意象美学作为文学核心价值观在中国小说中却没有得到充分的体现。中国的小说传统无论是历史演义还是英雄传奇，基本都是重情节结构，在讲故事的层面来塑造人物、表达思想。《三国演义》《水浒传》《西游记》，这四大名著中的三大名著，都是根据民间的话本创作综合而成，至于武侠类的《封神榜》《七侠五义》更是注重情节的离奇曲折来吸引读者。笔记小说也是注重白描，刻画性格，对意象这样的充盈在中国诗歌中的美学理想，似乎受到韵文和散文的简单分类而重视不够。

《红楼梦》是率先将中国的韵文策略和散文策略进行了成功的嫁接，它的外在叙事形态遵循的是话本小说的套路，但内核却是韵文美学理想的实践，这就是将中国诗歌的意象思维完美地融合到小说中。《红楼梦》里有大量的诗词歌赋，但这是外在形态，中国的话本小说不乏诗词歌赋，不过它们往往只是评点性的，是连接故事之间的过渡词，且大多陈词滥调，而《红楼梦》里的诗词歌赋不仅出色，而且和整体的意象美学有机地联系在一起，生发出小说的新气象。《红楼梦》一开篇就是富有象征主义的大荒山、无稽涯、女娲石，中间那些大观园、太虚幻境、通灵宝玉等意象也摆脱了简单的所指束缚，虚实相映，真假互现。十二钗的人物是实在的、写实的，但十二钗的命运又是意象化的，尤其是那些关于十二钗的判词，补充了单纯叙事的不足，在空灵中留下了无限想象的空间，达到了鲁迅所说的“美人芳草”的最高境界。

中国当代小说始终涌动着一股澎湃的意象之流。“文革”前，孙犁、汪曾祺、茹志娟等人的中短篇小说在当时的非诗学化的文学环境里顽强体现中国小说的诗学传统，其实是对意象写作的痴迷和执着。孙犁的《风云初记》、汪曾祺的《羊舍一夕》、茹志娟的《百合花》等不难看出《红楼梦》的流韵，他们或以女性或以童年视角来营造的小说场景，和当时的小说拉开了距离。到了1978年以后，意象大面积的运用最初是作为一些先锋作家的特殊手段，但很快被更多的作家在长篇创作中接纳，他们同时又借鉴西方的象征主义，形成了具有中国诗学特色的意象写作。张炜的《古船》《九月寓言》、陈忠实的《白鹿原》、王蒙的《活动变人形》、铁凝的《玫瑰门》、张承志的《金牧场》、莫言的《红高粱》、王安忆的《长恨歌》、贾平凹的《废都》、苏童的《河岸》、毕飞宇的《平原》，都在不同程度上运用意象写作的手段，来丰富小说的内涵和层次。张炜的《古船》属于写实主义的小说，但整个叙事的过程中，始终洋溢着意象的激情，而《九月寓言》则是其意象小说的代表作，他在历史和现实之间的联系，在思想和情绪的载体，正是借助意象的方式进行推进的。另一位几乎全身心投入意象写作并初步建立了自己意象王国的作家苏童，在长篇小说《河岸》中不仅沿用了《红楼梦》中贾政和贾宝玉父子冲突的结构，库东亮和库文轩的父子悲剧在历史的大潮中体现出来的人性的卑微和扭曲，其深度远非一个伤痕文学所能概括。《河岸》中几个女性的形象也是意象化的，李慧仙的乖戾之气由具象转为抽象。王蒙的《青狐》言说的是现实，但青狐自身的鬼魅和非现实性，也体现出意象小说的特有魅力。铁凝的《笨花》以华北平原向喜一家的命运和大革命时代的密切联系，写出了家族与国家命运的内在关联，而选取棉花(笨花是本地棉花，和进口的洋花相对而言)这样一个独特的意象，也是追求小说的意味之外的意味。

一般说来，以一个短篇或者中篇来营建意象小说比较容易，尤其短篇小说在美学特性上有人认为它更接近诗歌美学。但长篇小说通过意象进行叙事有它的难度，因为长篇小说很难围绕一个意象展开，这个意象的凝聚力不容易承受和连接多方面的内涵。《红楼梦》的高明之处在于营建一个又一个的意象群，扩展为意象群落，从而成为小说的有机组成部分。在《红楼梦》里太虚幻境与大观园是互不相同的两个意象群落，大观园内外又是两个不同的世界，而贾府里荣国府和宁国府又是相近而又有差异的世界。至于冷香丸、通灵宝玉、一僧一道等意象，都有各自的意象品性，它们又能够汇聚成共同的意象世界，当代长篇小说在创作上虽然受到了这种意象美学的影响，但在具体运用时，往往停留在意象的单一性运用上，有些还存在贴上去的感觉。至于意象群、意象群落的营造，显得极为稀少，而在意象群落之间建立有机的联系，这是当代作家更加缺乏的。

圆形人物的大观园

“圆形人物”是福斯特在《小说面面观》里提出的概念，是西方小说理论的经典，虽然后来随着现代派小说的兴起，福斯特的很多观念受到了质疑。但圆形人物作为小说创作的一个基本圭臬，还是有其生命力的。中国古代小说，在塑造人物方面自有其特性，人物往往忠奸分明，黑白清楚，绝大多数是扁平人物，有时候还不如历史著作写人生动。比如《史记》写刘邦、项羽，就写出了人物的复杂性。而在《三国演义》里曹操的奸和诸葛亮的神、关羽的忠、张飞的莽，《水浒》里除了宋江有些复杂性外，其他人基本也是脸谱化，《西游记》的人物自然称不上圆形人物。而《红楼梦》里则塑造了一大批的圆形人物，贾宝玉、林黛玉、薛宝钗、王熙凤、秦可卿，甚至贾琏也很难用淫棍来概括他，他对尤二姐的真情，他畏惧王熙凤。贾珍对秦可卿的一片真情，也不是男盗女娼之类能概括的。有论者指出，除了王夫人外，《红楼梦》的其他人物用坏人来概括。

毋庸置疑，中国当代文学在相当一段时间内，受到当时政治风潮的影响，人物被标签化，好人与坏人、革命与反革命、改革与反改革、英雄与败类，常常一目了然，这在“文革”期间的样板戏的创作中发展到极致。而之后的“伤痕文学”、“反思文学”也基本沿袭着这样一种人物扁平化的路子。对人物的价值判断常常用政治判断、道德判断、伦理判断代替审美的写作。20个世纪60年代对邵荃麟“中间人物”论的批判，赵树理这样的老牌的正宗延安派，也因为写了《锻炼锻炼》这样不够英雄化的作品受到了冷遇。对中间人物的批判其实是张扬扁平人物、否定圆形人物的合理性和经典性。当代小说的人物塑造还停留在造神和画鬼的孩提阶段。等到刘心武在《班主任》写出了谢惠敏这样的圆形人物时，张光年等文坛前辈惊呼《班主任》的价值不是塑造张俊石这样的正面人物也不是宋宝琦这样的小流氓，而是那个看似好学生又有点异化的谢惠敏，谢惠敏感情朴素，把同学捡的麦穗送到贫下中农手上，思想品格可谓高尚，但政治上随时掌握同学的动态，及时向学校报告同学的“思想”，而这又不是出于邪恶的整人的动机。这样的圆形人物，突破了好人坏人的界限，为新时期文学提供了一定的深度。谢惠敏品行端正，但不讨人喜爱。其实，谢惠敏有着薛宝钗的影子，薛宝钗在大观园里循规蹈矩，是贾母喜欢的好孩子，是大观园的模范好学生。但她的冷静和乖巧，却得不到贾宝玉的怜爱，自然也得不到读者的喜爱。谢惠敏和薛宝钗在道德上都是无可挑剔的，但她们身上那股味儿却让人不舒服。古华的《芙蓉镇》显然受到《红楼梦》的影响，他塑造的女干部李国香充满了王熙凤的能干、狡诈、贪婪，惜乎道德批判的气息稍重，影响了人物的“圆度”。

进入20世纪90年代以后，王安忆的《长恨歌》通过王琦瑶这样独特的上海小姐形象的塑造，展现了20世纪30年代以来上海文化的兴衰，其实《长恨歌》是把旧上海视作一个繁华一时的大观园，王琦瑶的招摇艳丽，不乏金陵十二钗的繁彩妖娆，小说里旧上海也时时透现出大观园的铺张奢华，而王琦瑶始艳后衰的命运，甚至让人想起了那个兼宝黛之美的秦可卿。只是由于历史叙事的需要，王琦瑶的艳美没有戛然终止，继续在历史的长河里漂浮。同时期出现的余华的《活着》里面描写的那个福贵，也是由盛而衰的见证人，福贵身上混合着贾府诸多兄弟的气息，和王琦瑶一样也是难以用简单概念概括的圆形人物。刘恒的《贫嘴张大民的幸福生活》沿袭他一贯的底层叙事的风格，张大民的贫嘴、机灵和幽默，时时会让人想起那个巧舌如簧的刘姥姥，还有那个评点大观园人物的兴儿，至于张大民的愤怒和发牢骚口气，多少有点焦大的影子。

新世纪的长篇小说创作彻底摆脱了人物塑造的程式，人物的丰富性在作家的笔下得到充分的书写。张抗抗的《作女》也是对电子时代新的女性生存状态的全方位的描写，作女已经是很难用标签来定义，但作女身上体现出来的郁躁气息，是我们时代的锦瑟表征。丧失苦难体验的作女，是一个女版的贾宝玉，她的不求进取和反复折腾，和贾宝玉的乖戾无常如出一辙。

开放式的阅读结构

现代小说的理论家实践者一直致力于小说的开放性阅读结构的建造，以改变传统小说的封闭式的阅读结构，巴赫金的对话理论和罗兰·巴特的“作者已死”的理论，旨在强调小说文本与读者的互动性，让读者不只是处于一个被灌输的载体，而成为一个和作者一样的创造性的主体。罗兰·巴特为了获得开放式阅读效果曾经组织学生，把名著中关于恋人的独白进行编织，形成了众声喧哗的效果，但作为学术研究，并不能构成小说的有机组成。

《红楼梦》之所以能够形成“红学”，成为毛泽东认为和地大物博、历史悠久、人口众多相提并论的中国特色，除了它的内容博大精深外，另一个重要的原因在于它的开放式阅读结构。也就是鲁迅先生说的“经学家看见《易》，道学家看见淫，才子看见缠绵，革命家看见排满，流言家看见宫闱秘事”。其实是说《红楼梦》阅读结构不是简单的封闭的圆圈。

《红楼梦》的开放式结构首先体现在它的未完成性，众所周知，由于传世的《红楼梦》或《石头记》只有不足八十回，给读者留下了巨大的想象空间，后来的续书也就在开放式的阅读结构基础上大展身手，近年来著名作家刘心武还花心血续了《红楼梦》，虽然仁者见仁智者见智，但可见《红楼梦》历经风霜而魅力不改。《红楼梦》的开放式的结构还体现在“元小说”特点，虽然“元小说”的概念出现只有20多年的时间，但《红楼梦》的第一回就开宗明义地说道，“列位看官：你道此书从何而来？说起根由虽近荒唐，细按则深有趣味。待在下将此来历注明，方使阅者了然不惑。”然后一一描写女娲石与《石头记》的来历，这对强调真实再现营造逼真的传统的现实主义理论无疑是一个极大的挑战，作者告诉读者此书的来由甚至成书经过，打破小说的内循环结构，而进入到和读者一起循环的开放式的阅读过程。至于那首“满纸荒唐言，一把辛酸泪，都云作者痴，谁解其中味”更是直接跳出来阐释小说和作者的想法，这种解构小说的做法，常常是后现代小说的惯用伎俩。

《红楼梦》的开放式阅读结构还体现在脂砚斋的评点上，评点是中国小说阅读的一大特色，比如金圣叹对四大才子书，但脂砚斋的评点以一个介入写作和当事人的双重身份来作为评点，可谓前无古人后无来者。这样真假迷离的隔离效果，更加重了小说的开放性、不确定性，让读者不仅在雾里看花，而且还可以在雾里描花、改花。

常规小说要求作者尽量隐匿，即使出现隐含作者也不是作家本人，目的就是不破坏小说虚拟的真实。即使出现第一人称叙述，那个“我”也是叙述人承担叙事的任务，而尽量摆脱与作家本人的干系，至于摆得脱摆不脱，那是另一回事，小说的法则是强调作家的不在场。但自从布莱希特的隔离理论出现后，作家本人出现在小说中也不被视作大忌讳了。王安忆在《叔叔的故事》里，就成功地运用了元小说的手法，我是叙事人，但不难看出就是作家本人，至少是重合的。马原也是致力于小说结构的开放性，他小说里出现的那个马原，既是叙事人，也是人物，还是马原本人。王蒙对作家以本人的身份进入小说情有独钟，从《蝴蝶》开始，他就不避讳作家直接进入小说与人物对话，到近期的《荒芜的悬疑》和《山中》可以说到了庄蝶何意的境界，作者是作家，也是人物，还是评述者，一边叙事，一边解说、解构，读者、作者、评者混沌如一。年轻作家付秀莹的短篇小说《爱情到处流传》以一个晚辈的口气和身份去窥视和叙述父辈的情感故事，一边叙事一边言说，构成了自足的复调状态，这种“流传”的形态正是开放式阅读结构的一种有益尝试。可以这么说，王蒙、王安忆、马原和付秀莹这样老中青三代作家在小说里常常充当叙事者，又是脂砚斋，与读者处于对话的状态，也让自己成为读者来解读小说。当年《红楼梦》还必须通过点评的叙事来实现这种复调，在今天的小说里曹雪芹和脂砚斋不必故意划分身份来进行各自的叙述，而是复合着身份共同叙述。虽然脂砚斋的身份至今难以确定，但他(她)介入《石头记》的形态被当代作家成功“拿来”，因为在新小说或新新小说派理论看来这种开放式的阅读结构太高级了。

影响的焦虑

国学大师吴宓早在1920年就按照西方美学的标准对《红楼梦》进行了研读，并在美国哈佛大学做了演讲，他在90年前就惊人地判断“若以西国文学之格律衡量《石头记》，处处合拍。细证详考，且觉佳胜。”(《红楼梦新谈》，《民心周报》第1卷第17期，1920年3月27日，第18期)吴宓对《红楼梦》的评价，立即得到了另一位国学大师陈寅恪的认可，当晚作诗赠予吴宓。

时值“五四”新文学运动萌动之际，也是白话小说草创之际，毋庸讳言，“五四”白话小说是参照西方小说进行的本土文学运动，西方小说的各种类型在中国作家那里都有类似的演绎和发展，中国小说的传统是被遗忘甚至被批判的。这个时候，吴宓发现《红楼梦》与西方文学的标准，居然“处处合拍”，而且“佳胜”。更重要的是，吴宓还认为，“西国小说，佳者固千百，各有所长，然如《石头记》之广博精到，诸美兼备者，实属缈寥寥”。(出处同上)这不仅增强中国文化的自豪感，实际上也为中国小说创作树立了一个新的标杆。这个标杆不仅能够与世界接轨，也能够激活中国文学的深厚传统。《红楼梦》不仅符合“西律”，而且是“西律”的诸美兼备者，也就是说西方小说能够和《红楼梦》媲美的非常少见。

“五四”时期，在打倒孔家店的浪潮中，《红楼梦》居然在200年前就达到并超越了西方的小说美学的审美理想，这对提高中国小说家的文化自信非常具有意义。在这样的情形下，我们读到《家》《京华烟云》《四世同堂》这样的优秀小说，也就不奇怪了。

进入20世纪之后，西方现代主义思潮风起云涌，意识流、象征主义、黑色幽默，乃至拉美魔幻现实主义甚至法国新小说派在《红楼梦》中都能找到类似的痕迹，近20年来后现代主义文化思潮也不难在《红楼梦》中找到对应的元素。比如关于“元小说”的理论、关于女性叙事与女权的理论，在这部伟大的作品里都可以得到合理而充分的解释。

新时期的小说创作，经历了类似“五四”时期的西风东渐，短时间演绎了西方小说近百年的各种形态，但面对西方强大话语拿出民族自身文化内涵时，很多作家很自然地回到了《红楼梦》的根基上。于是有了《古船》《活动变人形》《白鹿原》《尘埃落定》这样家族叙事形态的长篇小说。以致连王朔这样被冠之以“痞子文学”代言人的非主流作家，也对《红楼梦》高看一眼，“一不小心写出一部《红楼梦》”，可见《红楼梦》在中国作家中的殿堂地位。

《红楼梦》成为当代作家一个“情结”，让无数的作家纠结、抓狂，它无疑是一座高峰，高山仰止，但它又是一座巨障，站在高峰上，是站在巨人肩膀上，但巨人的肩膀只是肩膀，攀登新高峰才能成为新时代的巨人。

千古《红楼》通《锦瑟》

伟大的文学作品的内核是相通的，这种相通有时候是不可思议的。比如，晚唐的李商隐在写那首让无数人百思不得其解的《锦瑟》时，想不到在九百年之后曹雪芹会以一部《红楼梦》为他的千娇百媚的《锦瑟》做了最完美的注解。或者说，李商隐在九百年前就为《红楼梦》书写了最摄神动魄的题诗。

《红楼梦》是一部天书，消耗了无数人的智慧和思想，《锦瑟》是一首天诗，古往今来的文人骚客为解读《锦瑟》费尽了脑筋。可如果把两者放在一起，就恍然大悟，两个伟大的灵魂是如此相近，两个伟大的作家是如此默契，简直是天作之合。

意象

让我对二者发生联想的，是他们作品的意象符号。这些意象的符号之间，颇有惊人神似之处。或者说他们相互影射，竞相映照。先说诗的颔联和颈联。

庄生晓梦迷蝴蝶。
望帝春心托杜鹃。
沧海月明珠有泪。
蓝田日暖玉生烟。

在《锦瑟》的颈联，令人惊奇地出现了红楼梦两大主人公贾宝玉和林黛玉的典型意象。“沧海月明珠有泪，蓝田日暖玉生烟”，珠和玉，同为珍宝，阴阳兼济，刚柔同体。前一句娇柔婉约，女性特征鲜明，后一句阳光磊落，男性特征凸显。“珠有泪”的珠，还暗含“绛珠仙子”的“珠”。绛珠仙子是林黛玉的前世，在《红楼梦》第一回里，写到了神瑛侍者对绛珠仙子的恩惠。“只因西方灵河岸上三生石畔，有绛珠草一株，时有赤瑕宫神瑛侍者，日以甘露灌溉，这绛珠草便得久延岁月。后来既受天地精华，复得雨露滋养，遂得脱却草胎木质，得换人形，仅修成个女体，终日游于离恨天外，饥则食蜜青果为膳，渴则饮灌愁海水为汤。只因尚未酬报灌溉之德，故其五内便郁结着一段缠绵不尽之意。恰近日这神瑛侍者凡心偶炽，乘此昌明太平朝世，意欲下凡造历幻缘，已在警幻仙子案前挂了号。警幻亦曾问及灌溉之情未偿，趁此倒可了结的。那绛珠仙子道：'他是甘露之惠，我并无此水可还。他既下世为人，我也去下世为人，但把我一生所有的眼泪还他，也偿还得过他了。'”

“沧海月明珠有泪，蓝田日暖玉生烟”，两句简直就是林黛玉和贾宝玉的写照。宝玉衔玉而生，黛玉是以泪为生，贾宝玉是暖性，林黛玉是冷性，日月相比，珠泪玉烟。天人合一。林黛玉是小说中著名的泪人，沧海月明珠有泪，自然是指她，以致在后半部分里，黛玉说自己老了，说连泪水也少了。林黛玉以泪为生命的基本元素。以泪为生命的象征。“蓝田日暖玉生烟”，是贾宝玉的隐喻，蓝田让人想到那座大荒山，“日暖玉生烟”，暗含“赤霞宫神瑛侍者”，这个神瑛侍者是贾宝玉的前世。在现实层面上，“日暖”说的是他受到各方面的宠爱，“生烟”可以说成是生机勃勃，青春焕发，也不妨理解为生出事端，遭致非议。第二，《锦瑟》的意象中，还隐隐可见贾宝玉、林黛玉身边人的影子，“日暖”可以是“晴雯”的谜面，而“玉生烟”，则可能是那个惹是生非的茗烟，“沧海月明珠有泪”的月明，很容易让人想到大观园中的丫鬟麝月，作为贾宝玉的贴身丫鬟，性格和袭人有很多的相似之处。而“望帝春心托杜鹃”，“春心”于林黛玉身边的另一个丫鬟纤春有某种关联，杜鹃很容易让人想到林黛玉最贴心的丫鬟紫鹃，她与黛玉情同姐妹，她是贾府中唯一支持宝黛爱情的人，黛玉病死后，她又到宝玉屋里受用。而麝月的性格高尚、忠诚、坚定，配得上“月明”二字。

意象之密艳。李商隐的一些诗歌被人们称为“艳诗”，艳诗作为中晚唐诗歌一个类型，在李商隐手里几乎达到了顶峰。而《红楼梦》也是被人们视为艳情小说，甚至一度还被视为禁书。现在研究者发现，李商隐的艳诗很多是表象，在繁衍的背后隐藏着他内心的激流。《红楼梦》自然不会只是艳情层面的故事，他们在艳的背后藏着更博大的内容。但不得不说，在意象符号的取向上，《锦瑟》之艳，可以媲美《红楼》。《锦瑟》的“锦”就是这种艳丽的一个表征，诗中的“迷蝴蝶”、“托杜鹃”，“春心”“晓梦”、“珠”、“泪”，缠绵悱恻，凄迷幽怨。而《红楼梦》中的意象从一开篇的“神瑛侍者”、“绛珠仙子”，到后来的金陵十二钗正册、副册、又副册的排名，乱花迷人眼，浅草没马蹄，而在贾宝玉神游太虚幻境时，警幻仙子让她饮“千红一窟”茶，和“万艳同杯”酒，其实是说“千红一哭”，“万艳同悲”。

《锦瑟》的阅读难度在于意象繁盛和茂密，意象的密度呈现出复杂纠结之状，在五十六字的容量中，几乎上穷碧落，下尽黄泉。现实，记忆，梦境，历史，青春，政治，忏悔，追忆，伤感，水乳交融在一起。《红楼梦》的迷人之处也在于它的高密度高容量，据现在学者统计，光是小说中涉及到的人物就有九百之多，这对于一部一百二十万的长篇来说，密度可创世界之巨。当然，如果只是数量而言，并不足为奇，关键是这些人物的鲜活程度也是少见。红楼梦人物的“成活率”的原因很多，但充分的意象化是不可缺少的要素。不妨将贾宝玉和林黛玉的各自贴身的三个仆人名字连缀起来，你会发现很“锦瑟”：

茗烟袭人晴雯泪，
紫鹃雪雁春纤卷。
（茗烟、袭人、晴雯是贾宝玉的仆人，紫鹃、雪雁、春纤是林黛玉的丫鬟）

如果将史湘云、贾探春、贾惜春的丫鬟的名字连缀起来，也非常的“西昆体”：

侍画翠墨小蝉出，
翠缕彩屏入画来。
（侍画、翠墨、小蝉是贾探春的丫鬟，翠缕是史湘云的丫鬟，彩屏和入画是贾惜春的丫鬟）

“沧海月明珠有泪，蓝田日暖玉生烟”如此精炼地概括了宝黛爱情悲剧的内涵，那么颈联则也涉及到《红楼梦》的具体内容。

庄生晓梦迷蝴蝶
望帝春心托杜鹃。

《红楼梦》里充满了对庄子精神的崇拜和向往，已经有学者研究红楼梦与庄子的渊源，甚至有人说贾宝玉就是清朝的庄子，但小说中确实有贾宝玉自比庄子的描述，在二十二回里，贾宝玉甚至续了庄子。《外篇·胠箧》，虽然被林黛玉嘲弄了一下，但可见贾宝玉是以庄子自喻的。而小说里，出现的甄宝玉和贾宝玉的两个人物，以致贾宝玉在梦中遇见甄宝玉，确实是庄周梦蝶在红楼梦里的再现。

蝴蝶不妨作为金陵十二钗的一个总的意象，是女性的象征。杜鹃可以是具象，也可以是抽象，具象到某个钗，比如秦可卿，比如晴雯。何况林黛玉的最贴心的丫鬟就叫紫鹃。当然望帝的传说更接近大观园的“悲凉之雾，遍被华林”。传说蜀国的杜宇帝因水灾让位于自己的臣子，而自己则隐归山林，死后化为杜鹃日夜悲鸣直至啼出血来.。而在红楼梦中，贾宝玉听说秦可卿死之后，悲伤得吐血。“望帝春心”，还可和元春的命运联系起来，元春一度成为皇妃，成了帝之元春，但最终暴病身亡。春心，也不难让人联想到贾家的元春、迎春、探春、惜春（原应叹息的同音）。

《锦瑟》里每个词甚至每个字，比如梦、春、情、玉、泪、思都是红楼梦最基本的元素，也是最基本的审美单元。

意象写作是中国文学的一个源远流长的传统，楚辞、汉赋、唐诗、宋词都讲究言外之意、象外之象，只是由于小说脱骨话本，忽略了这一传统。《红楼梦》与《三国》《水浒》《西游》相比，不是民间创作基础上的再加工，而是典型的文人写作，不仅保留了文人笔记小说的所有特长，还将流传于中国韵文中的意象美学成功地移植到小说创作中。丰富了小说创作的元素，以至于吴宓在上世纪初惊呼，“西国小说，作者固千百，各有所长，然如《石头记》之广博精到，诸美兼备者，实属缈寥寥”。(《民心周报》第1卷第17期，1920年3月27日，第18期)。“诸美兼备”，一个很重要的原因，在于《红楼梦》运用了中国诗学的审美价值观，这种价值观不是简单地在小说中运用诗词歌赋，而是将中国的意象精神融化到小说之中。

情绪

再看《锦瑟》首联和尾联，如果颔联和颈联侧重于意象的营造，那“启”和“合”则侧重于情绪的表达。

锦瑟无端五十弦

一弦一柱思华年。

此情可待成追忆
只是当时已惘然。

涌动在《锦瑟》里是一股追忆的情绪，失去的不能再次触及的美好事实，遥远的过去的良辰美景，难以言说而又欲吐一快的暧昧深情。有人说，锦瑟是一个女子，《锦瑟》是李商隐的悼亡诗，悼亡的主题是无疑的，但这个亡者不是单数，不是亡妻，也不是一个亡友，而是一群，一片，是复数，不是她，不是他，而是她们，他们，因此才有“五十弦”之谓，才有华年之思。同为悼亡，李商隐的那首著名的《雨夜寄内》，“何当共剪西窗烛，却话巴山夜雨时”，是那样的真挚明了，那样的清新直白，源于对个体的具体的思念和缅怀。

同样《红楼梦》也是这样的追忆情绪所笼罩，不同的是李商隐将对象隐匿，而《红楼梦》的作者则开宗明义地告诉读者，是“风尘怀闺秀”，“闺阁中本自历历有人，万不可因我不肖，则一并使其泯灭也。虽今日之茅椽蓬牖，瓦灶绳床，其风晨月夕，阶柳庭花，亦未有伤于我之襟怀笔墨者。何为不用假语村言，敷演出一段故事来，以悦人之耳目哉？故曰‘风尘怀闺秀’。”乃是第一回题纲正义也。开卷即云“风尘怀闺秀”，则知作者本意原为记述当日闺友闺情，并非怨世骂时之书矣。虽一时有涉于世态，然亦不得不叙者，但非其本旨耳，阅者切记之”（脂砚斋重评石头记凡例）。

红楼梦是“怀闺秀”，锦瑟是“思华年”，同样是“追忆逝水华年”，落脚的视点虽然不禁相同，红楼梦是对风尘之中，落魄者的怀念，而锦瑟的落脚点虽然不是“风尘”这样的空间，但从诗中的“只是当时已惘然”，不难看出，作者已老迈，惘然不是青春和壮年的情怀，“思华年”更是青春逝去之后的诗人才有的意绪。

王蒙先生有一部小说叫《青春万岁》，记录了中学时代的美好生活，青春成为王蒙小说的一个难以割舍的情结。他在谈论红楼梦时，认为红楼梦的一个伟大主题在于青春万岁，那些逝去的青春岁月因曹雪芹的大观园的营造，变成永不消逝的电波，这“电波”便存在在作家的“追忆”和“思华年”中。红楼梦的书名之所以能够取代《石头记》《情僧录》《金陵十二钗》广为流传，在于这个“梦”有很强的追忆感和缅怀性，惘然不是现实，而是记忆、回忆、追忆，而记忆、回忆、追忆本身都遮盖着梦的帷幕。

梦的非现实性。梦的诗性，是文学的基本元素。明代著名的散文大家张岱在《西湖梦寻》的序言中，有一段关于“梦忆”的精彩论述，可作为红楼之梦锦瑟之作的最好注解：“因想余梦与李供奉异，供奉之梦天姥也，如神女名姝，梦所未见，其梦也幻。余之梦西湖也，如家园眷属，梦所故有，其梦也真。今余僦居他氏已二十二载，梦中犹在故居。旧役小傒，今已白头，梦中仍是总角。夙习未除，故态难脱，而今而后，余但向蝶庵岑寂，蘧榻纡徐，惟吾梦是保，一派西湖景色，犹端然未动也。儿曹诘问，偶为言之，总是梦中说梦，非魇即呓也”。“旧役小傒，今已白头，梦中仍是总角。”和王蒙说的林黛玉永远的16岁，同出一理。

“锦瑟无端五十弦”，五十弦是双瑟，一张瑟，本应二十五弦。这里可视为金陵十二钗，也可视为五十钗。因为按照小说第五回的说法，金陵十二钗有正册、另册、又另册，红楼梦里的女性大约不少于五十人。当然，这一弦一柱也可认为是大观园里的一座建筑，怡红院、潇湘馆，稻香村等等。我们可以视锦瑟为大观园的别名，也可将锦瑟取名为《锦瑟梦》。戏拟如下：

红楼无端十二钗，
一钗一弦思华年。
庄生晓梦迷蝴蝶
望帝春心托杜鹃。
沧海月明珠有泪。
蓝田日暖玉生烟。
此情可待成追忆
只是当时已惘然。

豁然洞开，茅塞顿开，《锦瑟》原本可视作大观园，而《红楼》乃《锦瑟》的小说版啊！

今年6月，我在阿坝地区讲完锦瑟和红楼梦的互文通灵之后，一位藏族作家告诉我，曹雪芹原来是李商隐的转世。我说，这么深奥的宗教问题是文学不能解决的，但伟大的灵魂是相通的。

共和国十大文学地标

准确地说，是一个人眼中的文学地标。其实解释也是多余，我代表的也只能是我自己。

1.《青春万岁》

王蒙的第一部长篇，也是他的处女作。

王蒙18岁写作的小说，记录了共和国诞生时年轻人的青春和梦想，至今仍是人民文学出版社的畅销书。青春是短暂的，但又是永恒的，现在中国教育台的大学生五四晚会用“青春万岁”命名，说明书名本身的生命力。

当然这部王蒙18岁写作的长篇，直到他中年才得以出版，本身历程就是共和国风雨的一个见证。王蒙的作品作为共和国的一面镜子，也是有资格列入地标的。

2.《创业史》

柳青著。柳青的文学精神是共和国文学的另一种解释。深入生活，贴近群众，紧跟时代，草根情怀。创业史能看出1942年《讲话》出现后作家精神好形态的变化，柳青在那样的环境里是做得最好的。

柳青还影响了一大批的作家，像陕西的路遥、四川的周克芹等。

3.《风云初记》

孙犁著。孙犁属于和柳青同时代的作家，文学精神和思想观念也没有太大的差异，但和柳青比起来是小众化的作家，因为柳青对时代的反映属于正面强攻型的，而孙犁是侧面的、日常的、非宏大的，但耐得住咀嚼。《风云初记》显示了这些优点，也间接地体现了共和国的清新和质朴。孙犁影响下的荷花淀派文学，出现了从维熙、刘绍棠等作家，后来对铁凝的创作也值得一书。

4. 《艳阳天》

浩然著。浩然是一个争论性极大的作家，乃至去世后也没消停。他的《艳阳天》是1966年——1976年之间家喻户晓的文学读本，当然也是共和国的文学记忆。《艳阳天》放大了柳青和孙犁两人的优点（比如将宏大主题和日常生活如何结合起来有新意，《艳阳天》的人物不是萧长春，而是弯弯绕、孙桂英这些中间人物现象），《艳阳天》也将这类文学的缺点放大到极限，以至于出现了“高、大、全”的虚假文字。

浩然是共和国文学曲折的一个符号。

5. 《回答》

《回答》是北岛的一首短诗，也是朦胧诗的代表作。朦胧诗代表的是觉醒的一代，也是思考的一代，也是迷惘的一代。朦胧诗和崔健的歌、王朔的小说成为80年代青年文化的时尚读本，至今仍在弥散，直至网络。

6. 《班主任》

刘心武的班主任和卢新华的《伤痕》被当作新时期文学的开山之作，虽然《伤痕》在读者中的轰动强于《班主任》，但《班主任》的过于习作气让《班主任》立于潮头之上。刘心武之后写作的《钟鼓楼》其实更成熟、更有艺术气息，但不在点上。文学作品的流传，有时候是不以人的意志转移的。

7. 《红高粱》

莫言的《红高粱》是1985年文学革命的成果。《红高粱》的叙事革命影响了一代作家，对历史、对人性、对小说、对语言的认识都有着质的变化，当然也让莫言成为争论性的作家，几乎每部作品都有争论。在莫言身后，苏童、余华、格非等新小说家为共和国的文学增添了异样的色彩。

而且，《红高粱》也开了为中国电影输血（走向国际）的先例，后来中国电影导演在国际上的声誉全靠莫言、苏童、余华等人的作品支撑。

8．《白鹿原》

这是一部奇书，陈忠实在写作《白》之前，没有显示出任何大气象，写完《白》之后，也没有能够再现如此大的气象，甚至连气息也没能沿袭过来，仿佛神来之笔，仿佛天外来客。《白鹿原》用尽了陈忠实毕生的心血，用尽了他一辈子武功，《白鹿原》站起来了，陈忠实烂软如泥。

9．贾平凹

很多作家都用作品名，贾平凹只能用作者名，他的作品太多，他的作品都能代表他，但哪一部都不能完全代表他。《废都》以来，他的长篇小说呈现了中国农民和知识分子的精神世界的运行轨迹，反映了90年代以后人的欲望的苏醒和膨胀，是作家正面接触社会而不被生活歪曲的一系列重要文本。

10．汪曾祺

对很多人来说，这是一个陌生的名字。汪曾祺的作品确实是少部分人的所爱，但由于深得文学的精髓，生命力极其旺盛。在回顾改革开放30年回顾文学时，大家突然发现，不声不响的汪曾祺的作品传下来了。汪曾祺传承的是中国文学的原初之美，在国学热的今天，重新审视汪的作品，更有相见恨晚之感。

汪钟情的“抒情的人道主义”和追求的和谐美学，是人类文明的共同表征，也是中华民族的核心价值所在。

2009、9、8于朝内

语言的复活与祖国的复活

对于以色列，其实我们知道得很少。少年时代猜过一个谜语，谜面：橙黄绿青蓝紫(打一国家名)，谜底：以色列。我最初对以色列的了解，是源于中央人民广播电台里经常出现的“支持巴勒斯坦人民反对以色列犹太复国主义的斗争”这样一个句子，因此对以色列留下了不好的印象，因为“以色列犹太复国主义”常常是与“日本军国主义”这个词呼应使用的。渐渐地，我也长大了，我们国家也与以色列建立了外交关系，我对以色列敌视的情绪也渐渐消融了。

莫名其妙的敌视和莫名其妙的仇视并不是源自于我们对这个国家的了解，也就是说敌视是没有理由的。当然，消解这种敌视也是没有理由的。虽然对以色列的敌视消失了，但有关以色列的新闻却始终离不开我们的视线，老是引起我们的关注。在中东地区，以色列几乎在和整个阿拉伯世界抗衡，战争也从来没有真正停息过。

真正让我感到震惊并对这个民族产生充分了解的兴趣的是拉宾之死。以色列前总理伊扎克·拉宾1995年12月19日在“列王广场”的一次集会中遇刺身亡。在集会之前，警卫鲁宾曾提醒拉宾说，伊斯兰恐怖分子要混进来。但万万没有想到，拉宾并没有倒在伊斯兰原教旨主义的枪下，而是死于自己年轻的同胞之手。刺杀拉宾的是27岁的伊加尔·阿米尔，当时是巴尔伊兰大学法律系的三年级学生。阿米尔当场被捕，他对记者说，他是奉上帝之命刺杀拉宾的，他对此毫不后悔，因为拉宾背叛了犹太人的事业。

沉痛。

无言的沉痛。

拉宾之死告诉人们，中东的和平进程会更加艰难而漫长；拉宾之死告诉人们，不同文化、不同信仰的冲突不会因为短暂的和平而消失。事实上，拉宾之后的巴以并没有走向和平的理想境地，相反，冲突在延续，战火星星点点地燃起，到2001年“9·11”事件之后，巴以的对抗逐渐升级，铁血总理沙龙继续着他一贯的强硬，在打击恐怖主义的旗号下，和巴勒斯坦的交火越来越频繁，越来越尖锐，成为阿富汗战争之后的又一个新的国际热点。

在这个时候，我读到了《以色列百年风云》（徐焕忱著，人民文学出版社出版），这对于我这样的“以色列盲”来说，是一次最好的补课。让我感到惊讶的是，全书的第一章《点燃犹太复国主义星火》居然讲述的是文学史上作家左拉干预法律、弘扬正义的故事。人们都知道左拉那封著名的致总统的公开信《我控诉》，但一般人不知道左拉为之鸣冤叫屈的德雷福斯上尉竟是一个犹太人，而德雷福斯蒙冤的原因是因为犹太人在法国受到歧视。我不知道为什么一般文学史上在介绍左拉、法郎士等人仗义执言时，总是略去德雷福斯受冤的原因。1894年12月，法国反间谍机构从德国驻巴黎武官的废纸篓里发现了一个手写的文件，涉及法国军事秘密。初步调查时，有人控告一名叫阿尔弗雷德·德雷福斯的犹太人充当内奸，因为笔迹相像。德雷福斯当时是军需部的一名炮兵上尉。法庭对德雷福斯一案进行了秘密调查和审判。被告人自称清白，否认法庭出示的字条是他写的，这张字条是立案的基础，交给专家去鉴定，后来因为意见分歧没有定论。由于当时憎恨犹太人的情绪高涨，军事法庭宣布德雷福斯有罪，撤销军职，终身流放。

这桩冤案产生的原因就像德雷福斯申诉的那样，“我受到起诉，只因为我是名犹太人”。事实也正是如此，到1897年下半年，间谍案的真正罪犯查出之后，法国政府不肯公布事情真相，并拒绝给德雷福斯平反，法国进步人士联名抗议，才有了左拉的《我控诉》这样的经典。在公正的巨大压力下，总统将他特赦释放，到1906年才恢复名誉。

德雷福斯上尉的冤案让左拉产生了《我控诉》这样正气凛然的篇章，更让人想不到的是他的受冤点燃了犹太复国主义的星星之火。在德雷福斯冤案的50年后一个神奇的国家复活了，这就是全世界新闻媒体全力追踪的以色列。德雷福斯案发生时，西奥多尔·赫兹尔是维也纳一家大报《新自由报》驻法国的首席记者，这位34岁的犹太人旁听了德雷福斯一案的审判。这起案件引起的风波，触到了赫兹尔的痛处。以前赫兹尔主张犹太人跟当地社会同化，但德雷福斯的悲惨命运使赫兹尔认识到了这不仅是个司法错误，而且表现了整个社会对犹太人的怨恨和排斥，应该让犹太人脱离周围的敌对环境，犹太人要有自己的祖国。

1896年，西奥多尔·赫兹尔的《犹太国》出版了，该书的副标题是“现代解决犹太人问题的一种尝试”。书中指出，散居在世界各地的犹太人是一个民族，他们利益一致，应当重建国家，这样才能结束犹太人寄人篱下的历史，摆脱“外来人”的烦恼和不幸。按照《圣经》预言，犹太民族总有一天要回归巴勒斯坦圣地，重返耶路撒冷的锡安山。犹太复国主义的思想根源于犹太教，宗教是团结所有犹太人的纽带，犹太教的圣歌唱道："今年我们在流落，明年要返回耶路撒冷；今年被奴役，明年要做自由人。"《犹太国》一书的出版，是犹太民族建国史上的第一座里程碑。此后数十年，它成了全民族重建家园的号角，成千上万的犹太人读到它，鼓起了打点行装重建祖国的勇气，赫兹尔被犹太人称为犹太复国之父，因为他在犹太人流亡两千年之后，首先明确提出重建犹太国。

在赫兹尔去世四十四年之后，他的梦想实现了——以色列于1948年正式建国，犹太人终于有了自己的祖国。《以色列百年风云》记述的便是以色列建国前后犹太民族自强不息、艰苦创业的历史事实，用我们惯常使用的话语便是"前仆后继，浴血奋战的光荣历史"。书中以翔实的史料表达了以色列人为了实现理想，殚精竭虑的执着的精神，书中有很多震撼人的故事和细节，再度读到他们复活希伯来语的奇迹时，我就意识到以色列犹太复国的成功是必然的。

结构主义语言学家曾把语言称之为"囚笼"，"语言的囚笼"便成为解释多种文本的一个著名理论，之后语言学的研究方法便上升到了结构主义理论。"语言的囚笼"主要是说我们所用的语言都是规定好的，都是事先规定的格局，因而我们的生活、我们的文学、我们的思想都是按照语言的内在规律排列的。结构主义作为风靡一时的哲学思想，曾经引发了社会学、文艺学、语言学的一系列学术"地震"，给传统的阐释学以重创，到后结构主义兴起之后，才渐渐式微。

由于犹太民族失去了祖国，散居于地球的各个地区，他们使用的口语也不相同，基本上与当地居民使用同样的语言。在中东、北非，他们使用阿拉伯语，在西班牙、土耳其等地中海国家，他们讲拉地诺语；在东欧，则多讲依地语，这是德语、希伯来语和斯拉夫语的混合语，它是东欧犹太人中间最流行的国际语言。第一代犹太复国主义者在考虑建国时，并没有考虑到"国语"的问题，等越来越多的移民涌入到巴勒斯坦，才意识到没有统一的语言，就无法协调地生活在一起，更无法形成统一的民族。

曾有人呼唤复活古老的希伯来语，但这几乎是不可能的事，因为这种语言像我们的古汉语一样，是名副其实的"死文字"。希伯来文，以前只用于宗教、祈祷和文学，《圣经》便是用希伯来文写成。这种古典的书面文字，不用作日常交际的。但是时代呼唤造就了犹太民族的一位语言大师，他就是埃利泽尔·本·叶胡达，由于他矢志不渝、孜孜以求的艰辛努力，希伯来语居然奇迹般地复活，成为以色列的官方语言。

从1881年开始，本·叶胡达便开始了复活希伯来语的艰难历程，他首先把《圣经》使用的许多希伯来语词根发掘出来，作为现代语言的主干，然后加上新的词缀，融入新的含义，再借鉴各国语言词根，增加新的词汇。1904年，第一部现代希伯来语辞典出版，包含了数千个新词汇，被称为现代希伯来语言的“里程碑”。辞典的出版，并不代表希伯来语已经成为一种全民族广泛使用的语言，需要推广。本·叶胡达要求全家人在家里只讲希伯来语。他的前妻去世之后，第二任妻子继续和孩子们讲希伯来语。1902年，全家做了一个大蛋糕，庆祝讲希伯来语10周年。

起初，本·叶胡达经常遭到人们的嘲弄和反对，一些居民也站在他的对立面，但他在家庭和社交活动中，不怕困难和麻烦，坚持不讲外国语。这位倔强的老学者直到临终，也不肯讲一句更方便的外国语。19世纪末的犹太移民社会，曾爆发过旷日持久的语言大战，德语、法语、依地语、希伯来语，互不相让。希伯来语最终能脱颖而出，固然与文化背景和行政干预有关，但语言大师本·叶胡达开拓性的努力是最重要的。

祖国之“祖”便是母语，母语是语言之根，有母语的人，才有故乡，也才拥有祖国，因而语言是祖国之根。复活祖国，重建国家，首先要复活自己的语言，而希伯来文化有着灿烂的传统和辉煌的过去，因而选择希伯来语不仅关系到使用什么语言作为交际手段，关键是能强化犹太民族的独特性和纯洁性。用希伯来语讲圣地的历史和地理，总能令人回忆起昔日以色列王国的光荣。另一位语言大师柴门霍夫，曾经创建“世界语”，可以说是语言的世界大同梦想，但由于语言没有文化的“根”，更主要是没有民族和国家的土壤，柴门霍夫的人造国际语未能流行，成为一种“创作”。当然，有古典语言和文化传统的民族并不都能够还原和复活。

近来，巴以冲突加剧，此类图书也颇为看好。《我嫁给阿拉法特》(中国工人出版社)、《亲历巴以冲突》(新华出版社)分别以当事人和旁观者的角度对巴以这两个神奇的民族进行了不同侧面的描述，如与《以色列百年风云》放在一起阅读，更会别有一番滋味在心头。

2002. 4. 8于朝阳门

发表于《大家》2002年4期

战斗·旋转·本色

——30年短篇小说回顾

1978年全国举行第一次短篇小说评奖，我能清楚地记得那一次短篇小说得奖篇目25篇。后来再一问，很多人都和我一样，不仅记得得奖的篇数，还能说出大部分的篇目。如今，三十年过去了，短篇小说创作经历了风风雨雨，在发展中变化，在迷惘中追求，在起伏中成长。

“战斗”的文体为思想解放呐喊

新时期文学孕育于1976年的天安门诗歌运动，兴起于短篇小说创作。这一时期曾被一些文学史家称之为“伤痕文学”时期，而“伤痕文学”的命名，则缘于卢新华的短篇小说《伤痕》。这篇当年发表在《文汇报》1978年8月11日的短篇小说，在今天看来，更像一篇中学生的习作，然而在当时资讯和文学都处于一个比较封闭的阅读环境里，尤其在思想解放初期，《伤痕》一纸风行，成为全社会的关注焦点，也成为文学界争论的热点。虽然在《伤痕》之前，刘心武已经发表了后来成为新时期文学代表作之一的《班主任》，但由于《班主任》思想的潜藏性和人物的复杂性，并没有引起大众的阅读热情，而《伤痕》采用的亲情结构和思想的浅表外露（批判时人皆痛斥的低级的血统论），表达上迅速触动了全民的共鸣。

围绕《伤痕》的争论，解放了作家的生产力，一时间出现了大量批判“四人帮”极左路线的小说，像后来获得了全国短篇小说奖的张洁的《从森林里来的孩子》、陆文夫的《献身》、王亚平的《神圣的使命》、成一的《顶凌下种》、李陀的《愿你听到这支歌》、肖平的《墓场与鲜花》、陈世旭《小镇上的将军》、张抗抗的《夏》、高晓声的《李顺大造屋》、茹志鹃的《剪辑错了的故事》、陈国凯的《我该怎么办》、张弦的《记忆》、古华的《爬满青藤的木屋》、方之的《内奸》、金河的《重逢》等都加入了这样以控诉和揭露为主题的系列。

很显然，这是对五四以来鲁迅文学批判精神的继承，尤其刘心武在《班主任》结尾处直露地“救救孩子”的呼喊，更是证明新文学运动的精神在新一代作家身上“灵魂附体”。和鲁迅不一样的是，改革开放初期作家的文学观念似乎更接近鲁迅思想的继承者胡风的“主观战斗精神”。胡风从鲁迅的“改造国民性”主题，由“国民劣根性”批判引申出“精神奴役的创伤”的主观战斗品格，要正视并揭露“把这些力量这些愿望禁锢着、玩弄着、麻痹着、甚至闷死着的各种各样的精神奴役的创伤”。（《胡风评论集》，人民文学出版社1984年版）。

和“伤痕文学”、“反思文学”齐头并进的是“改革小说”的出现。从一些资料看，一些人对改革文学是持有异议的，因为他们觉得伤痕还没揭露透，对历史的反思刚刚开始，怎么就去歌功颂德呢？现在看来，当时的改革文学其实并没有真正影响到“伤痕文学”和“反思文学”的发展，其对现实生活的描写和介入，更是对其“战斗”精神的延伸。就理论而言，作家的主观战斗精神其实也包括对现实生活的“把捉力、拥抱力、突击力”（胡风语），作家既可以在历史的沧桑里找到灵感，而对现实的“把捉”和“突击”也是不可或缺的能力。虽然在今天看来，用短篇小说这样的文体去正面“突击”改革这样的宏大主题有些勉为其难，但呼吁并介入改革的实践却很有必要。蒋子龙的《乔厂长上任记》用现在的文体观来审视，显然不是短篇小说，甚至不是中篇小说，如果出单行本该属于长篇小说。然而当时不仅作为短篇小说发了，而且还被评为当年优秀短篇小说奖的头榜。可见人们当时对短篇小说的要求，不是文体，而是内容。或者这样说，在一个改革的年代，小说所承载的使命已经超越了文体的局限，《乔厂长上任记》真正做到了文以载道。

和蒋子龙直面切近改革过程不同的是，一些作家则使用了一些更具备短篇小说方式的叙事策略来面对现实。王蒙的《说客盈门》可以说是《乔厂长上任记》的“前传”，而《乔厂长上任记》更像《说客盈门》的升级版。王蒙后来的《悠悠寸草心》明显降调了，写了改革的艰难和复杂。而铁凝的《哦，香雪》则通过农村小姑娘的眼睛，写出农民对变革的渴望和呼唤。赵本夫的《卖驴》在今天看来似乎有些黑色幽默的意味，卖驴的孙三老汉和香雪形成了巨大的对比。李国文在写作长篇《花园街九号》的同时，通过短篇小说“危楼系列”对处于新旧时代的人的心态作了深刻揭示。

虽然把这一阶段的短篇小说创作比作鲁迅说的“投枪”、“匕首”有些夸大其词，但在一个文学要清算过去的思想障碍、要呼唤很多价值回归同时又要革新、创新的年代，短篇小说在特定的历史时期可以说在意识形态功能方面发挥了最大值，是短篇小说最辉煌的政治时代。历史也会记载这些作家行进的足迹。

旋转的实验发散着个性的斑斓

新时期文学，是一个呐喊呼啸的启蒙年代，也是一个艺术自觉和文体意识不断强化的文本年代。随着小说思想的不断更新，小说家的文体意识也渐渐复苏。短篇小说的文本自觉和艺术自觉首先体现在与中篇小说的剥离。新时期之初的短篇小说，容量普遍偏大，字数常常几万字，《乔厂长上任记》甚至有十一万之多。80年代以后，随着一些大型文学刊物的创刊，《当代》、《十月》、《钟山》、《花城》等以及《收获》的复刊，中篇小说的概念得到了强化，短篇小说的文体也慢慢走向强化和独立，由此诱发的小说实验浪潮催生出对小说观念的变革和改进，迸发出令人炫目的光彩。在相当一段时间内，短篇小说的艺术个性得到充分的张扬，作家的主体意识最大程度地得到彰显。

a．探索短篇小说的底线。短篇小说是一个相对古老的文体，古今中外都出现了优秀的经典作家，国外的莫泊桑、契诃夫、欧·亨利和中国的蒲松龄、鲁迅等都有名作传世。新时期的作家在向这些大家致敬的同时，还必须超越与创新。另一个方面，当时在闭关锁国之后的突然开放，西方文学思潮也刺激了作家的实验热情。王蒙那批被冠之为“意识流”的《夜的眼》、《春之声》、《海的梦》一批短篇小说，以及由此引发的关于现代派的讨论，在今天看来还是应视作小说文体的实验。张承志的《绿夜》、《大坂》、韩少功的《归去来》、马原的《冈底斯诱惑》以及后来的格非的《青黄》、孙甘露的《访问梦境》都在尝试短篇小说的多种可能性，极大可能地丰富这一文体的内涵。当然，这一时期整体的追求还是努力实现小说的诗化和寓言化，在部分作家那里，短篇小说成了象征主义的实验田。

b．色彩绚烂乱花迷人。白居易诗云：“乱花渐欲迷人眼，浅草才能没马蹄”。白居易的诗本来是用来形容西湖边上春天的美好景物，但用来形容1985年以后的短篇小说的创作形态也是非常形象的。在经历了80年代的小说观念的革命之后，随着西方文学思潮的退潮，短篇小说进入了创作的自由境地。这个自由境地，是指作家不再大呼隆地跟随某种思潮，而是从自身的生活经历和艺术品性出发，书写自己熟悉的喜欢的作品。这时候，我们既读到了刘恒的《狗日的粮食》、阿成的《赵一曼女士》、陈世旭的《镇长之死》，也有余华的《十八岁出门远行》、鲁羊的《银色老虎》、朱文的《傍晚光线下的一百二十个人物》。既读到男性作家莫言的《拇指铐》、韩东的《前面的老太婆》、赵本夫的《天下无贼》，也读到女性作家徐坤的《广场》、陈染的《饥饿的口袋》、林白的《子弹穿过苹果》。既有邱华栋的“时尚人系列”，也有刘庆邦的乡村矿井系列。多种风格，多种写法，各具特色，各呈意蕴。

c．短篇小说名家辈出。对一般作家来说，短篇小说往往是一个作家初期写作的一个台阶，一种历练，也是这个作家迈向更大境界的起跳板。因而很少有作家惨淡经营这样一种文体执着而不弃的，因为靠短篇小说跻身大家行列的实在太少。孙犁是现代文学史上的名家，他在新时期主要创作短篇小说“云斋”系列，引人注目。如果说孙犁尚有《荷花淀》等作品奠基的话，那么汪曾祺、林斤澜这两个作家恰恰是靠短篇小说在文学史留下印记的。如今，汪曾祺先生已经仙逝十一年，林斤澜先生也搁笔久矣，但人们在说起短篇小说时仍然会想到这两位老人。年轻一代也出现了刘庆邦、苏童两个短篇高手。有趣的是两人一北一南，小说一土一洋，但对短篇小说的执着，却是有目共睹，且成绩斐然。苏童的《桑园留念》、《伤心的舞蹈》系列和刘庆邦的《盲井》系列以其鲜明的个性和不能替代的艺术秉性让人难以忽略。

铅华洗尽后的本色写作

在20世纪末，出现了时尚写作的热潮，以70后“美女作家”写作为代表。卫慧、棉棉、朱文颖、赵波等以上海为中心的南方女性作家以大都市生活为背景，以白领或想象的白领生活为主体，展现中国城市化进程中年轻一代的躁动与喧哗。在写作风格上，她们秉承先锋派文学讲究修辞、注重华彩的形式主义文风，比如棉棉形容一个女人说她“身上有一股酸性的美”，卫慧则在小说中以生活品牌为介质勾连一连串疯狂而浪漫的情爱故事、情色故事。卫慧和棉棉的短篇在艺术上尚有自由、率性、不拘一格的特色，但到长篇写作时，身体写作便成为商业化的奴隶，艺术的才情因为市场的俘获变得庸俗和低迷。

进入新世纪以后，时尚写作的喧哗浪花慢慢地趋向平息，身体写作也因资源的天然局限陷入了失语的境地。因为身体是有限的，而生活是无限的，以有限去PK无限短时间可以撞出火花，但火花消失之后还是生活界面更宽阔广大。

时尚写作因为和方兴未艾的网络写作合流，对短篇小说写作造成了一定的伤害，当然也改变了短篇小说的走向。这就是短篇小说的界限在慢慢形成。原先短篇小说基本是文体的试验场，时尚写作本身也貌似先锋派的姿态，这让作家不能不对原先的实验姿态有所警惕和调整；而网络写作的高度散文化和随意化，让短篇小说必须迅速和这种高度散文化和随意化划定边界。当年何立伟的《白色鸟》式的写作可以视作创新和先锋，但在新散文的崛起之后和网络文体的极度开放以后，专业作家不大可能再用《白色鸟》的方式进行短篇小说创作。

“绚烂之极，归于平淡”。苏童在先锋派作家里，刻意在短篇小说上进行探索和实验，《祭奠红马》、《飞越我的枫杨树故乡》都是对短篇小说的格局进行了有力有效的冲击，是个会玩“花活”的作家。进入新世纪之后，他有意识地放弃了原先带有强烈炫技式的写作，而回归到近乎白描式的本色写作，而且在题材上也直接面对现实。《人民的鱼》、《白雪猪头》是苏童写食系列中的写实力作。《人民的鱼》写鱼头被鄙视到如今被器重的变化，写出两家人命运的变化，一家当初穷得只能吃鱼头如今开了鱼头连锁店，一家原是趾高气扬的食品公司的小科员，如今落寞得不得不接受他当初施舍人家鱼头的店主的施舍。小说全篇白描，没有诗化和抒情，也没有变形夸张，世道人情，社会变迁，尽在不言之中。

女作家魏微原是70后女作家群中并不起眼的一个，在移居北京之后，改变身体写作和时尚写作的策略，在小说的丰富性上进行苦苦的寻找。《大老郑的女人》就其视角来看，不仅没有70后女性作家非常自恋的女性视角，而是运用了性别模糊的中性叙述态度，在文学选材上甚至和后来有人奋力倡导的“底层写作”有几分相似。其实，这正是五四小说传统的回归，继承的是柔石《为奴隶的母亲》血脉。

一些名作家的创作也慢慢洗落铅华回归本色写作，铁凝的《有客来兮》选取的是小小的家庭来客的生活场景，南北文化差异导致的性格差异，由此显现出不同的人生，欲言又止，意味不浅。范小青的《城乡简史》笔墨近乎线条，没有一般女性作家的华丽和滥情，巧妙地展现了社会的变迁、人物的命运。刘庆邦的《鞋》、阎连科的《黑猪毛白猪毛》、王安忆的《发廊情话》和迟子建的《雾月牛栏》在反映人性的深刻和多样方面，叙述平实，起转承合，自然精致。王蒙的《尴尬风流》系列短篇小说，几乎进入一种无技巧的状态，似禅非禅，落尽彩墨，本相毕现。出生于70年代的安妮宝贝成长于网络，但迅速摆脱网络文学和时尚写作的弊端，《告别薇安》等短篇低速行进，文字质朴情感纯实，超越了70后美女作家的浮躁和虚华。

成熟的尴尬与忧思

从短篇小说这三十年艺术风格可以看出，短篇小说在最初的十年（1978——1988）艺术上显得比较粗犷的时候发挥着巨大社会作用，尤其在前五年短篇小说对读者的影响更为明显。但后来随着整个文学的发展变化，短篇小说慢慢地处于一种边缘状态，淡出了人们的阅读视野。想靠一篇短篇或几个短篇一鸣惊人的作家几乎不可能出现了，曾经延续多年的短篇—中篇—长篇的小说进步模式被网络文学彻底颠覆，很多写作者一出手就是几十万字的长篇，而且效果不见得比那些循着三步走（由短而中再长）的作家差。再一个就是那些年富力强的作家，也几乎放弃了短篇小说的写作。就处理素材的方式而言，作家也格外地吝啬，当初是中篇压缩成短篇，长篇压缩成中篇。而如今正好相反，很多中篇被注水成长篇，很多可以短篇内解决的非拖拉成中篇。一个有趣的现象是，当初把《乔厂长上任记》当作短篇发的《人民文学》杂志，如今时不时地也出个长篇专号了，可见短篇小说成了没人疼的孩子。

读者阅读短篇的兴趣锐减，是因为其他载体部分地取代着短篇小说的功能，短篇小说在审美上的独特性日见其少。在短篇当中最受欢迎的带有欧·亨利式结尾的故事化短篇，如今已经浓缩或简化为小小说或微型小说了。小小说在现代社会里作为快餐阅读，它成了短篇小说的杀手。小小说是从短篇小说家族派生出来的宠儿，本身的写作就是高度汲取了短篇小说的精华，在一个高度简捷化和浓缩化的网络时代，一本《小小说选刊》的发行量几乎是所有文学类月刊（不含大型文学刊物）发行量的总和，正是短篇小说尴尬处境的如实写照。

就小说艺术而言，毋庸置疑，短篇小说在经历诸多的探索和实践之后，渐渐回归到短篇小说的出发点。这是一次回旋式的上升，说明短篇小说今天已经趋向成熟。但是在成熟的背后，也意味着某种停滞和衰退。迟子建是一个具有风格特点的作家，她写作的短篇小说清新秀雅，很符合短篇小说的规范，而且保持稳定的艺术质量，因而她连续两次获得鲁迅文学奖的短篇小说奖，对她个人来说，是件值得高兴的事情，但对整个短篇小说创作来说，却有一种淡淡的悲哀，说明小说创作艺术不自觉地陷入了某种停滞。

这些年一直经营短篇写作的王祥夫意识到这种困惑，他说："短篇小说在写作上让作家感到尴尬的是，你写了一个短篇小说，又写了一个短篇小说；你写了10个短篇小说，跟着又写了10个短篇小说，问题就来了：看一看自己的短篇小说，你有种感觉，就仿佛自己站在波斯菊的花圃旁，你会发现所有的波斯菊花朵都是那个样子！让你感到不安的是，你所写的短篇小说在写作手法上竟然差不多！……短篇小说今天的不景气，作家'难辞其咎'，但短篇小说这种形式太难把握了，你把一种结构方法把握得纯熟了，也就说你已经'死亡'了，你要再生，必须再把握新的方法。一句话，我同意你的说法：短篇小说无论是思想还是艺术，对作家的要求都很高。所以，这就要求作家一次次潜到深水里去，你感到快要憋死了，你也许才会发现有一个珍珠蚌在你的眼前。"（《山西日报》2006年《把短篇小说的写作进行到底》）。王祥夫用潜水和珍珠蚌的关系来说明短篇小说空间探索的艰难，可谓坦诚之言。

短篇小说还有多少新的空间可以开拓？这些空间在哪？如何寻找？如何开拓？是放在文学界的一大考题。虽然早就有人提出短篇小说已死的命题（赵毅衡《短篇小说正在死亡吗？》，载《南方周末》2007-01-25），但似乎并没有引起人们足够的注意。果实成熟之后是衰亡，但来春还会萌芽、开花、结果，问题是我们怎么才能迎来这个春天。

2008、7、6于怀柔观山居

论汪曾祺的和谐美学

——纪念汪曾祺诞辰九十周年

今年三月五日，是汪曾祺先生诞辰90周年，在这样的时刻，让人感到遥远又短暂。遥远的是汪曾祺的文学韵味好像已经流传了上百年甚至几百年，已经经典化地活在文学和文学史中。短暂的是汪曾祺先生已经去世十三周年，但大家仿佛还是昨天的事情。在文学圈里，人们说起“汪老”，似乎还是一个活着的健在有趣的好老头。或许因为我和汪曾祺先生生前打过交道，经常有意无意地和人们议论起汪老，听到的几乎都是称赞、称道甚至称颂。

有些人的作品随着时间的推移被人们渐渐地遗忘，而有些人的作品随着时间的流逝，却像陈年老酒一样越来越淳厚，越来越耐读。汪曾祺的作品属于后者，读后难以忘怀，再读，难以释卷。魅力何在？我认为凝聚在汪曾祺作品中的核心价值内容，是他的和谐的美学思想和美学精神，这样的思想精神让他的作品在处理与生活、与人物、与语言的关系上，体现出从容淡定、虚实映照的人道主义的境界和中国化的艺术品格。

一. 挖掘、分享日常生活的诗意

汪曾祺是一个善于阐释自己作品和美学思想的人，他说：“我的作品不是悲剧。我的作品缺乏崇高的、悲壮的美。我所追求的不是深刻，而是和谐。这是一个作家的气质所决定的，不能勉强。”在具体到如何不深刻不悲壮的方面，很多的论者已经注意到汪曾祺作品中的对日常生活诗意和美感的描写是他创作的一个标志，在这方面已经做了大量的研究和探讨。汪曾祺说上述话的时候不是谦虚，而是有些自负当然也可理解为赌气。上个世纪70年末新时期文学开端的时期，洋溢着的都是激情与理想、启蒙与改革的主旋律，英雄和改革者，受难者和反思者，是那时的“当代英雄”，而悲壮和崇高也是此时审美的主潮。但汪曾祺却异想天开地（这是从我们的视角来看）发表了《受戒》、《大淖记事》、《异秉》三部不太合时宜的短篇。说它不合时宜一点也不过分。汪曾祺自己也意识到这一点，他曾经略带自嘲地说，我的小说上不了头条。在80年代那样一个意气风发、人心思变的社会转型期，确实需要呐喊、呼啸的声音，需要壮美、崇高美来鼓舞人们变革的斗志，事实上，很多作家和作品也因此获得了成功。汪曾祺这三篇小说有点偏离时代的主潮：一，写解放前的日常生活，二，人物的非英雄化，三，非崇高的悲剧美学。这当中的《大淖记事》按照习惯的斗争的敌对模式最可以写成悲剧性的劳动人民与统治者的冲突的，但汪曾祺却淡化了。按照今天的说法不是被淡化，不是汪曾祺故意淡化的，而是他按照生活的本来的面貌写就的，高邮历史上曾经发生过类似锡匠和平抗议的事件，当然还是和汪曾祺自身的美学思想相关。如果是一个追求壮美的作家，肯定会将锡匠抗议的事件写得波澜壮阔，写得大开大合，惊天动地。

而对汪曾祺来说，《受戒》、《大淖记事》等就是寻求、挖掘和表现日常生活的美感和诗意。它在《受戒》的创作谈中这样说："是谁规定过，解放前的生活不能反映呢？既然历史小说都可以写，为什么写写旧社会就不行呢？今天的人，对于今天的生活所过来的那个旧的生活，就不需要再认识吗？旧社会的悲哀和苦趣，以及旧社会也不是没有的欢乐，不能给今天的人一点什么吗？"一贯行文平和的汪曾祺破例地在短短的一百一十三个字连续使用了四个反问句，表示他的理直气壮和对那些僵化的文学观念的不满。记得多年之后，姜文在拍摄根据王朔小说改编的电影《阳光灿烂的日子》里说过类似的话。其实，文学的功能在挖掘表现日常生活的诗意和美感时应该超越时代政治的限制，清明的政治社会格局下存在着黑暗的角落，黑暗腐败的旧时代或反动时代里也会有人性的美和生活的美的闪光。这是对生活的认识，也是文学的基本价值观。

这里面其实包含两层含义，一个是日常生活的美感是不受时代限制，不受道德限制的，旧社会也好，新社会也好，美是存在的，生活里就能发现诗意的存在。还有一个就是日常生活甚至日常琐事也是会呈现出文学的美和生活的诗意。前者可以以《寂寞与温暖》作证。《寂寞与温暖》是容易被人忽略的一个短篇，但汪曾祺几次说到自己非常喜欢这篇小说，这篇小说写的是"文革"期间汪曾祺下放到张家口的一段生活，有些夫子自道的味道，但写的却是"文革"中知识分子苦难精神生活中难得的一股暖意，而这暖意恰恰来自当时的一个领导。至于写出日常生活的美感，《受戒》和《大淖记事》相对容易理解，因为《受戒》中通过小英子和明海的童年视角以及萌动的初恋加之大自然的美好风光，是极容易呈现诗意的。《大淖记事》中的民俗风情和十一子与巧云的恋爱故事本身也是诗意的浪漫的。汪曾祺作品的诗意还存在着那些近乎庸常和琐碎的生活中。《异秉》的发表更是能够说明汪曾祺对这一美学追求的坚定和自信。《异秉》原是发表在1948年3月《文学杂志》上的一个短篇，当时的时局和文学格局不可能让这篇小说产生影响，也自然不可能引起文学史家的注意。由于汪曾祺在1980年5月的重写和重新发表，以至于一些文学史家认为是新时期文学30年最好的短篇，“建立了当代汉语短篇小说乃至整个汉语叙事文学的一个暂时还难以超越的标高”（郜元宝《从《异秉》说开去》2008年第7期《广州文艺》）。

《异秉》里面的王二和两个学徒的相公是极平常的凡人和俗人，是市井生活中底层的底层，不像《岁寒三友》中那些人物带有酒意，而酒意是容易产生诗意的。但汪曾祺以一种悲悯的情怀写出这些琐碎之人、庸俗之人在生活中的状态以及状态之中的生活趣味。

书写日常生活，并从日常生活中找到诗意找到美感，上个世纪80年代初期是有创新和先锋的意味，但从整个文学的进程来看，只不过是一种常识的回归和审美的再发现。事实上，在今天作家对日常生活的关注和描写，已是家常便饭，甚至已有评论家对此颇有微言。同样是日常生活的书写，为什么我们今天阅读汪曾祺的小说依然会津津有味，而对一些年轻作家的日常叙事不耐烦呢？

原因是汪曾祺的美学思想中有一个隐蔽的价值取向，就是与读者分享的观念。我们现在的作家在面对日常生活时，往往采取照相现实主义的方法，只是呈现日常生活的面貌，而忽略一个作家的责任。他个人可能在作品中得到了宣泄和快乐，但忘记了小说是要面对读者的。一个人的美感和愉悦是可以独享的，而作为一个作家，他的喜怒哀乐是不可避免要和读者分享的。现代主义和传统现实主义的差异就在于有无读者意识，汪曾祺从不标榜自己是现代派，因为他认为文学要“有益于世道人心”。具体怎么才能有益于世道人心，他在《自选集》的序言中写道“检查一下，我的作品所包涵的是什么样的感情？我自己觉得：我的一部分作品的感情是忧伤，比如《职业》、《幽冥钟》；一部分作品则有一种内在的欢乐，比如《受戒》、《大淖记事》；一部分作品则由于对命运的无可奈何转化出一种常有苦味的嘲谑，比如《云致秋行状》、《异秉》。在有些作品里这三者是混合在一起的，比较复杂。但是总起来说，我是一个乐观主义者。对于生活，我的朴素的信念是：人类是有希望的，中国是会好起来的。我自觉地想要对读者产生一点影响的，也正是这点朴素的信念。”“要对读者产生一点影响”，正是这样的分享的理念让汪曾祺在写作时，没有顾影自怜，他发现美，挖掘了美，并用他的笔呈现出来，和读者共同享受。这也是他的作品能够至今打动人、让人迷恋的原因。不是日常就有美感，也不是脱离宏大叙事就有生命力，文学的生命力在于与读者的互动过程。

二. 抒情的以人为本的文学观

汪曾祺称自己的创作是“抒情的人道主义”，什么是“抒情的人道主义”？那句“我所追求的不是深刻，而是和谐”是最好的注解。人道主义作为欧洲文艺复兴时期的旗帜，对历史的进步功绩卓著。因而人道主义也成为知识分子攻克各种反人道、反人性势力和观念的利器。但汪曾祺不是一个手握利器的人，人道主义这么削铁如泥的锋刃在他手里使不得，他要按照自己的方式进行改造，未经任何人许可，他在人道主义加上了前缀，“抒情的”人道主义，准确。汪曾祺的用词特点就是准确，他认为准确就有了一种“朴素的美”。“抒情的人道主义”，很准确也很好地诗意地概括了汪曾祺的人和文。

汪曾祺的“抒情的人道主义”，首先体现在他对人性的无条件尊重。欧洲文艺复兴时期的人道主义能够深入人心传至今日，就在于对中世纪存天理灭人欲的神道主义批判和解构，对人性的解放和歌颂。《受戒》可作为抒情人道主义的经典之作。《受戒》是描写寺庙生活的，描写和尚的日常生活或者说和尚的非日常生活，因为按照世俗的观念，明海和那些师兄的举动是不正常的，但作为一个正常的人，这些和尚的出格举动又是正常的。荸荠庵虽为佛门圣地，却照样杀猪宰羊吃喝，和尚们娶妻生子，唱情歌，找情妇。他们经常打牌，玩铜蜻蜓，套鸡。如果按照《三言二拍》的方式，这些和尚的举动会被写得很龌龊，是该被揭露、被批判、被不齿的，但《受戒》却把这些和尚作为普通人看待，对他们人性给予足够的尊重和隐隐的不大容易看出来的欣赏。当然小说的看点还在于对明海和小英子这对童男童女的美好的情愫的诗意的渲染上，对爱的欣赏，对人性的欣赏，对世界的欣赏。小和尚明海和小英子的和谐之爱，是人性的光辉，也是最大的人道。爱意充满了汪曾祺的小说，汪曾祺对爱的无限讴歌，是他抒情人道主义的主旋律。《大淖记事》中巧云被刘号长破了身子，十一子没有封建主义的贞操观念，依然一如既往爱着巧云，这是对世俗和所谓的道德的忽视，是以人为本、以人性为本的最好体现。说汪曾祺对人性的无条件的尊重，不仅在一些正常的合理爱情故事予以诗意和赞美。甚至在《小孃孃》这样的为世俗所不容的跨代之爱也充满了同情和理解，小说最后小孃孃带着晚一辈的情人远走他方，汪曾祺笔端充满惋惜。

汪曾祺小说里没有大善大恶，甚至缺少真正意义上的坏人，巧云被刘号长破了身子，没有反抗，十一子也没觉得她不美。那个在一般小说中容易成为恶的化身的刘号长在汪曾祺笔下也没有受到特别的谴责和过多的丑化，他喜爱巧云，而且丢下了十块钱，与一般的恶霸淫鬼还是有区别。他带人去殴打十一子，多半是醋意，也是借势欺人。锡匠在县政府门前的和平请愿，刘号长也只是被驱逐出境。如果在另外一些小说家的笔下，这个淫贼可能被锡匠们打死了。

汪曾祺的小说缺少冲突，没有太多剧烈矛盾，他对人物充满悲悯和同情，他对暴力美学是鄙夷的，连锡匠们的反抗都是沉默地顶着香炉跪在县政府的门前。他作品中人与人日常交际时的方式当然也就更平和，更没有剑拔弩张，他笔下少有刻薄和尖刻的人物，连《异秉》里的嘲谑也带着悲悯。和沈从文不一样的是，沈从文写的乡野男女，容易有野性的大自然的诗意，汪曾祺善写小人物尤其是市井人物。市井人物往往与市侩气联在一起，但汪曾祺笔下的市井人物有着一种天然的书卷气，那些无论是高邮城里的店主、画师、医生、教员、匠人、学徒、工友，还是张家口的茶客和北京南城安乐居的酒友，他们并没有接受太多的儒家教育，却拥有一颗仁人之心，助人为乐。《岁寒三友》或许应看作汪曾祺人际关系的理想模式，王瘦吾、陶虎臣和靳彝甫“都没有做过伤天害理的事，对人从不尖酸刻薄”，“对地方公益从不袖手旁观”。王瘦吾和陶虎臣在靳彝甫需要资助的时候，为其凑足路费，让这位有才华的画师外出求生；靳彝甫在王瘦吾和陶虎臣生意破产、濒临绝境的时候，毫不犹豫地变卖了祖传的三块田黄石章。就像石杰教授论述的那样：“这里几乎没有激烈的矛盾冲突和尖锐的角逐争斗，父母兄弟姐妹间恭孝友爱，邻里乡亲间互助和睦，朋友间相濡以沫，同事间宽和谦敬。人们终年生活于一种和乐安宁之中，即使偶尔生出的怨恨，也带着几分无奈与和缓。”（《和谐：汪曾祺的艺术生命》，《中国人民大学学报》1995年第1期）

很显然，汪曾祺的“抒情的人道主义”其实是中国式的人道主义，虽然汪曾祺在小说和创作谈中没有明确提出“仁”的主张，但他所欣赏的人物往往以仁为准则，博爱为纲。充分地尊重人、赞美人性，构成了汪曾祺文学核心思想。这思想不是壮怀激烈问苍生式的救世主的恩赐般的洪钟大吕，是潺潺流水润物细无声的和谐自然。

三. 儒释道的哲学兼容

一个作家的美学思想的构成必须有坚实的哲学基础来奠定，美学思想是哲学氤氲出来的精神花朵。汪曾祺的和谐美学的建构自然也离不开哲学的滋润和照耀。在一般人的印象中，汪曾祺似乎是一个性情自在的艺术家，很少谈论深刻的哲学问题。其实，汪曾祺的哲学意味不那么强烈外在，在于他打通儒释道的哲学通道，已经化哲学为艺术，化哲学为文学，甚至化哲学为语言了。所以人们看到的汪曾祺和作品常常是一个平和的自然的外表，却不知这平和的表象是化百炼钢为绕指柔，在他充满乐感的语言湖面下其实沉淀着哲学深厚的湖底。

一般认为汪曾祺是一个儒者，汪曾祺自己也表述深受儒家哲学的影响，他说“我有个朴素的古典的中国式的想法，就是作品要有益于世道人心。过去有人说，文章千古事，得失寸心知，得失者先是社会的得失……一个作品写出来放着，是个人的事情；发表了，就是社会现象。作者要有‘良心’，要对读者负责。”（《作为抒情诗的散文化小说》，见《上海文学》1988年第4期）他关于抒情人道主义的自我论证，也是说明他入世的文学观。前面笔者已经论述过，他笔下的那些人物以及所体现出来的人物精神都是以仁爱之心对待世事和人情世故的。

看似散淡的汪曾祺，其实一生的经历并不平凡，解放前他经历战乱，解放后经历了历次运动，甚至在“文革”结束后他还被清查了一段时间，在诸多的右派作家中，他虽然不是最苦难的，但他的文笔却是最平淡优美的。由于拥有一颗平常之心，他常常找到精神层面上的某种平衡。那种平衡应该说是儒、释、道等传统哲学的融合，使之能面对人生的各种变故。这样的人生哲学其实传承了中国传统文人的脉络，特别是陶渊明、苏轼、归有光、郑板桥、废名、沈从文等一脉带有出世情怀的文人雅士。陶渊明面对动乱的东晋时代气氛，没有放弃他清醒的自然观；苏轼在朝廷的起起落落，并没有影响他的人生价值和文学价值的实现；郑板桥也是汪曾祺在作品中多次提到的一个文人，郑板桥入世又出世，意味是融儒、释、道于一身，足见汪曾祺心向往之。归有光、废名、沈从文的文风在影响汪曾祺的同时，他们的哲学人生观也自然浸入到其思想的血脉。

汪曾祺早期的小说里有着强烈的道家哲学色彩，《复仇》虽然取材于佛家的故事，但以《庄子 · 达生》中的“复仇者不折镆干。虽有忮心，不怨飘瓦”为题记，小说最后一句“他凿在虚空里”，是对虚无的一种刻意表达。而《鸡鸭名家》里余老五则近乎庄子笔下庖丁式的人物，物我两忘，自得其乐。晚期的小说，主要通过人物逍遥旷达的生活态度来传递作家的艺术化的生存理想。《徙》是一篇庄子味道极浓的小说，或者说是一篇《逍遥游》的小说版，篇名《徙》和人物名高北溟都取材于《逍遥游》，小说中的高氏姐妹的命运是《逍遥游》中的鲲鹏和蜉蝣意境诗意的呈现。《鉴赏家》中的季匋民有浓厚的出世思想，与果贩叶三结为至交，同室论画，视为知己。这种率性而为、旷达超脱的人生态度不仅《故乡人》中的王淡人，是以汪曾祺的父亲为原型的，王淡人身上“一庭春雨，满架秋风”般的闲适淡泊、致虚守静，返璞归真也自然而然地“遗传”到汪曾祺的身上。汪曾祺常常自比酒仙，《安乐居》就是他生活的写照，“真我”和“艺术的我”在汪曾祺身上完美的统一，内心的和谐和精神的和谐得到升华。

佛教与汪曾祺的渊源更为深远，他的名字的“祺”就有佛教徒色彩，而且他从小有一段在寺院生活的经历，这段生活后来他写进了著名的短篇《受戒》。1990年他还应江苏教育出版社世界名人传记丛书之邀，写了《释迦牟尼传》。这本传记按照佛经的方式写就，是汪曾祺作品中的奇葩，惜乎所阅者寡，影响传播。汪曾祺的小说，除了《受戒》直接以寺庙为背景外，另一篇《幽冥钟》写高邮承天寺夜半的钟声等意象，表现了佛门救苦救难的思想。《螺蛳姑娘》是对民间传说的改写，表现了佛家善恶报应观念。由此能够看出汪曾祺对佛学的兴趣和佛学思想对他的熏陶。

儒释道的思想对汪曾祺的影响最终形成了独特的“汪味小说”，这“汪味小说”的精华就是一种独特的现在看来会流传久远的汪氏禅味语言。很多人喜欢汪曾祺的语言，认为是地道的中国风格，这没错，但他的魅力何在，我认为汪曾祺的语言充满禅味，这不仅是佛家之禅，而且是融合了儒释道之后的汪氏禅味，在《鉴赏家》里有季匋民和叶三的对话：

叶三大都能一句话说出好在何处。

季匋民画了一幅紫藤，问叶三。

叶三说：“紫藤里有风。”

“唔！你怎么知道？”

“花是乱的。”

“对极了！”

季匋民提笔题了两句词：

深院悄无人，风拂紫藤花乱。

这是对话，也是禅，是老庄，还是白描。白描见禅，禅亦白描。《受戒》的开口第一句“明海出家四年了”，按照汪曾祺的说法是为小说定的“调子”，但这句话越读越禅味，耐人咀嚼。汪曾祺是相信读者的悟性的，所以他的语言在平淡中蕴藉着不平凡的智慧意味，这意味有来自他对中国传统哲学的艺术化的和谐融合。只有和谐，精神才会超越偏见，因为和谐，美感就不会因为时间而剥蚀、黯淡。

2010年春节于北京

透明与滋润

——汪曾祺的意象美学

汪曾祺的小说曾经被人们称为“意象现实主义”，可说是抓住了汪曾祺小说的美学特征。意象美学由于美国意象派诗人的崛起而受到世人的瞩目，但真正的意象美学其实源于中国，意象派的代表诗人庞德就明确提出唐诗就是意象派的鼻祖，庞德自己就以翻译唐诗作为自己的一种创作。唐诗宋词具有明显的意象诗的特点，但唐诗宋词并非意象诗的开端，而是集大成。意象美学是中国文学源远流长的优秀传统，在中国最早的大诗人屈原的以《离骚》为代表的楚辞作品里就得到了充分的体现，因而至今读来仍然魅力无穷。由于中国韵文和散文的两大传统不太一样，所以中国的小说创作沿袭的是非韵文的路子，清代大文学家曹雪芹率先将韵文的传统引进了长篇小说的创作，在《红楼梦》中大量使用了意象、意象群、意象群落，从而构建了旷世绝唱——大观园。五四时期，由于对传统文化的情绪性的排斥，以意象为代表的中国美学精粹被西方和俄罗斯的美学所替代。虽然鲁迅、沈从文、孙犁等人的作品顽强地生长着中国意象美学的元素，但仍被其他的强势话语所遮蔽，人们对小说家的意义多半从思想、情节、人物来进行诠释。1978年以来，中国的意象美学得到了复苏，汪曾祺的走红，高行健、莫言的获奖都在于作品中呈现出鲜明的中国意象美学特性。这种不同于西方象征主义的美学形态，融化到小说中具有的核辐射的审美力，已经引起了越来越多的人的关注。

汪曾祺是一个非常中国化的作家，以至于被人们誉为“最后一个士大夫”。这个“士大夫”的称呼，一方面是对汪曾祺文化精神的概括，另一方面也是人们对渐行渐远的中国文人精神的凭吊。五四以来的知识分子精神取代原先的文人情怀，在历史进程中无疑是进步，但对文学的本体尤其对汉语艺术文本来说，容易屏蔽掉一些中国文化的潜在精神。汪曾祺的晚成乃至今日余音绕梁，与长时期的被屏蔽有关。汪曾祺体现出来的中国文化精神是多方面的，这里只想就他作品中意象美学的一些特征进行陈述。

一

汪曾祺的作品写得很干净，在文字上长句很少，标点更是只用句逗。这种干净是现当代作家中极为少见的，有点清水出芙蓉的味道，甚至可以说是一种“出污泥而不染”般的孤洁。为什么？这与汪曾祺对文学的理解有关，汪曾祺曾经这样称赞他所推崇的文学前辈美名：“他用儿童一样明亮而又敏感的眼睛观察周围世界，用儿童一样简单而准确的笔墨来记录。他的小说是天真的，具有天真的美。”他在《沈从文先生在西南联大》中又如此称赞金岳霖：“为人天真到像一个孩子”。在怀念沈从文的悼文中，称沈从文是“赤子其心，星斗其文”。

可见赤子、儿童、孩子，明亮、敏感、天真，都是汪曾祺推崇的境界。有人说，诗人必须有一颗赤子之心，不能说诗人都有一颗赤子之心，但具有赤子之心的人同样具有一颗诗心。汪曾祺虽然擅长小说散文，但亦不满足于诗心藏在文中，他经常写诗，有白话诗，也有旧诗，在《释迦牟尼传》中，他直接运用骈体文来叙述释迦牟尼的一生。这种诗心始终燃烧着他，但他选择了一个反抒情的方式，通过意象的方式来表达他的诗心，这就是通过童年的视角来观照周围的世界和人生。

由此，我们也就能够明白汪曾祺那些描写故乡高邮的小说为什么如此动人、如此脍炙人口了。在那些描写故乡的小说里始终闪烁着一双孩子的眼睛。学者摩罗《末世的温馨与悲凉》这样描述：“汪曾祺的文字让我读出了这样一个少年和一种情景：这个少年有时在祖父的药店撒娇，有时在父亲的画室陶醉。他永远保持内心的欣悦，感官尽情地开放，他入迷地欣赏着河里的渔舟、大淖的烟岚、戴车匠的车床、小锡匠的锤声，还有陈四的高跷、侉奶奶的榆树。这个少年简直是个纯洁无瑕身心透亮的天使，那个高邮小城则是一个幸福和乐的温馨天国。”

摩罗用“纯洁无瑕身心透亮”来形容这个天使一样的少年，在童年的世界里，是不受污染、不被干扰的，是接近于无限透明的零状态。在汪曾祺的作品中“童年”这一美好的意象通过对周围世界的折射，创作出一个天国一样的故乡来。故乡系列小说是汪曾祺小说的最高的明净境界，明净的原因在于汪曾祺内心的童心、诗心对故乡的美化和净化。故乡当然不是仙境，童年自然也有幻觉，鲁迅先生在《故乡》里一方面写了童年的美好，写了西瓜地月光的迷人，另一方面则冷峻地撕开记忆的面纱，直面荒芜的现实和温馨记忆的反差。而汪曾祺追求的是和谐，他那双清澈的眼睛看见的只有童年的欢乐、天真和可爱。

如果说汪曾祺描写故乡的作品采取童年的视角可以理解，故乡的记忆可能淡化了辛苦、艰难、不幸，留下来的是善良、温馨、美好，因而童年美、故乡美是人之常情。其实不然，他写下放劳动的《羊舍一夕》、《看水》、《黄油烙饼》依然采用的是儿童视角，从年龄上说，他已经接近四十，从地域上看关外张家口远非故乡，更重要的是他的身份是一个下放的右派。这个下放的右派已不是那个年幼无知的李小龙（《昙花·鹤和鬼火》），而是远离家庭、备受质疑的流放者。在张贤亮、从维熙等有相同经历作家的笔下，右派在周围遭遇的是歧视、冷漠甚至是仇恨。张贤亮的《绿化树》虽然写了乡村女性马缨花对“落难公子”章永粼的爱，但整体的氛围是苦难叙事、悲情独白。而汪曾祺依然用童年的视角来看待对他来说是异乡的流放生活，筛去了其间的残酷、阴暗、冷漠。

这源于汪曾祺在创作时抽空了内心的芜杂，让内心呈现出澄明的状态，而这种澄明的状态和童心是非常接近的，汪曾祺的代表作《受戒》的男女主人公明海和小英子就是这样的澄明的处子，丝毫没有沾染尘世的气息。其实，在汪曾祺的其他一些不用儿童视角的小说里，也时不时地可以读到那颗天真的童心。“正街上有家豆腐店，有一头牵磨的驴。每天下午，豆腐店的一个孩子总牵着驴到侉奶奶的榆树下打滚。驴乏了，一滚，再滚，总是翻不过去。滚了四五回，哎，翻过去了。驴打着响鼻，浑身都轻松了。侉奶奶原来直替这驴在心里攒劲，驴翻过去了，侉奶奶也替它觉得轻松。”《榆树》里虽然写的是侉奶奶的视角，可跃动着的是一颗无瑕的童心。

汪曾祺的这种童年意象不仅融化在写人物的作品上，那些描写风俗、动物、植物的篇章也渗透了童趣。散文《葡萄月令》是汪曾祺作品中童心、诗心、圣心高度融合的一篇极品，来源于作家的一颗赤子之心。《葡萄月令》平实、简洁，乍一看，貌似一篇说明文，介绍一年之中葡萄的种植、佩玉、采摘、贮藏等有关的“知识”，从一月到十二月，像记流水账一样。但细细品读，就发现作家视葡萄为一个成长的婴儿，一个仙子一样的生命。

“一月，下大雪。……葡萄睡在铺着白雪的窖里”。

“二月里刮春风……葡萄藤露出来了，乌黑的。有的枝头已经展开了芽苞，吐出指甲大的苍白的小叶。它已经等不及了。”

“四月。浇水……葡萄喝起水来是惊人的……从根直吸到梢，简直是小孩嘬奶的拼命往上嘬……”

不难看出，汪曾祺创造了近乎童话一样的境界，纤尘不染，超凡脱俗。

无疑，和很多的大作家一样，汪曾祺是描写风俗的高手。汪曾祺这种童心意象化的追求，也表现在他在风俗的描写之中。他说：“风俗，不论是自然形成的，还是包含一定的人为的成分（如自上而下地推行），都反映了一个民族对生活的挚爱，对‘活着’所感到的欢悦。他们把生活中的诗情用一定的外部的形式固定下来，并且相互交流，融为一体。风俗中保留一个民族的常绿的童心，并对这种童心加以圣化。”（《谈谈风俗画》）圣化童心，成为汪曾祺小说不灭的永恒意象。

二

“水”在汪曾祺的作品中是一个非常重要的意象。法国汉学家安妮居安里在翻译了汪曾祺的小说后，发现汪曾祺的小说里经常出现水的意象，即使没直接写水，也有水的感觉。他的小说仿佛在水里浸泡过，或者说被水洗过一样。水的意象称为汪曾祺美学的外在特征，他在自传性散文《自报家门》，明确表示从小和“水”结缘。他说：“我的家乡是一个水乡，我是在水边长大的，耳目之所接，无非是水。水影响了我的性格，也影响了我作品的风格。”

汪曾祺在以本乡本土的往事为题材的系列小说《菰蒲深处》的《自序》中亦云：“我的小说常以水为背景，是非常自然的事。记忆中的人和事多带点泱泱水气。人物性格亦多平静如水，流动如水，明澈如水。因此，我截取了秦少游诗句中的四个字‘菰蒲深处’作为这本小说集的书名。”

老子说：“上善若水”，将水视为善之最，足见中国文化的传统对水的器重。水在中国哲学中具有势弱柔顺的特征，同时也有持久韧性的特征，水滴石穿的成语就是水哲学的另一面。汪曾祺作品的人物大多逆来顺受，最强烈的反抗动作也就是锡匠们在县政府“散步”抗议而已，而且是无声的。他笔下的人物常常随水而居，随遇而安。水赋予人物的性格，也就多了几分淡定和淡泊。《看水》和《寂寞与温暖》可以视作汪曾祺的自传体，和《葡萄月令》一样，这两篇小说写的汪曾祺下放的张家口外农科所的生活。有研究者认为，“《看水》中的水的意象和《寂寞与温暖》中女主角沈沅姓名中的‘水’旁，是证明作家自我隐喻——汪——的有力证据，似乎不能用巧合来解释。”这两篇小说中的主人公一个是女性，一个是儿童，他们显然是弱者，他们表现出来的水一样柔弱的品质，正是作家内心的某种写照。

水的流动形成了结构。汪曾祺这种“水”意象美学还体现在小说的结构的自然天成上。汪曾祺写作的都是一些篇幅短小的小说和散文，一般来说，短篇小说的结构是非常讲究的，常常在情节的设置上下透功夫，莫泊桑、契诃夫、欧·亨利之所以被称为世界短篇小说之王，就在于他们在塑造人物、叙事结构上精心追求。而汪曾祺对结构的理解则是“随便”，为了证明这种“随便”的合理性，还在《汪曾祺短篇小说选》的自序中引用苏东坡的话来论证：“大略如行云流水，初无定质，但常行于所当行，常止于所不可不止，文理自然，姿态横生。（苏东坡《答谢民师书》）。”这种水的结构有点类似书法上的“屋漏痕”的境界。陆羽《释怀素与颜真卿论草书》载：颜真卿与怀素论书法，怀素称：“吾观夏云多奇峰，辄常效之，其痛快处，如飞鸟出林，惊蛇入草，又如壁拆之路，一一自然。”颜真卿谓：“何如屋漏痕？”怀素起而握公手曰：“得之矣！”又南宋姜夔《续书谱》称：“屋漏痕者，欲其无起止之迹。”

“屋漏痕”是一种比喻性的说法，用到小说的结构上其实就是随便而为的意思。雨水漏屋，全无定势，自然形成。

汪曾祺意象美学里蕴含着中国书画美学的精神。宗白华先生在《美学漫步》一书中论及《中国书法里的美学思想》谈到张旭的书法时说：“在他的书法里不是事物的刻画，而是情景交融的‘意境’，像中国画，更像音乐，像舞蹈，像优美的建筑。”宗白华先生这里所说的意境加了引号，显然是觉得意境一次不足以表达张旭书法的内涵，其实联系上下文，我们可以发现，宗白华所要说的其实是意象的内涵。中国书法、中国水墨画作为中国文化精神的抽象代表，其精髓就是意象，言外之意，象外之意，象外之象。而中国书画的最明显的特征，也在于水的流动，墨是一种有颜色的水，它的流动和纸的空白形成了黑白的映衬，这映衬是水的美学的硕果。汪曾祺是书画高手，他的书画成就在一些专业人士之上，他的一些书画作品至今被藏家们视为珍品而津津乐道。

汪曾祺精通书法奥妙，深谙水的结构之美，并把它们成功地转化到小说的创作之中。他的小说几乎每一篇的结构都不一样，又自然天成。《星期天》的结构松散天成，而《日晷》的结构如树生枝杈，两股合流。《云致秋行状》又如一股溪流渐渐流来。《受戒》和《大淖记事》在开头悠然讲述风俗民情，进入“中盘”后，《受戒》枝蔓删去，如小提琴独奏一样悠扬。《大淖记事》则以对话收场，余音不绝。

汪曾祺的小说中，还有一种类似套装或组合的特殊结构，这就是“组”结构。组结构是以三篇为一个单元，形成似连还断、似断又连的组合体。三篇小说之间，情节自然没有联系，人物也没有勾连，有时候通过空间加以联系。有《故里杂记》（李三·榆树·鱼）、《晚饭花》（珠子灯·晚饭花·三姊妹出嫁）、《钓人的孩子》（钓人的孩子·拾金子·航空奖券）、《小说三篇》（求雨·迷路·卖蚯蚓的人）、《故里三陈》（陈小手·陈四·陈泥鳅）、《桥边小说三篇》（詹大胖子·幽冥钟·茶干），6组18篇，在汪曾祺的小说中占有相当高的比例。值得注意的是，这种套装结构的方式是汪曾祺晚年的作品，在早期的创作中一篇也没有。他反复再三地实验这一小说形式，说明在他的心目中这种形式的喜爱和器重。

这种小说的组合法在其他作家身上有过类似的实验，但如此多的组合，又达到如此高的成就，可以说独此一人。这有点类似书法上的“行气”，就是字与字之间内在的联系。汪曾祺说：“中国人写字，除了笔法，还讲究行气。包世臣说王羲之的字，看起来大大小小，单看一个字，也不见怎么好，放在一起，字的笔划之间，字与字之间，就如老翁携幼孙，顾盼有情，痛痒相关。安排语言也是这样。一个词，一个词，一句，一句，互相映带，才能姿势横生，气韵生动。”（《揉面》）而落实到作品中，则是篇与篇之间的“篇气”，每一篇作品都有自己的气息，有些作品气息是相通的，像《故里三陈》里《陈小手》、《陈四》、《陈泥鳅》，表面是三个姓陈的人物，三个人物连起来就是底层手艺人的悲惨命运，作家的悲悯之心油然而现。在早期短篇小说《异秉》里写的也是类似人物的命运，但作家要把这些人物构思到一个场景之中，并赋予一定的情节和戏剧性，不符合晚年汪曾祺的小说趣味。就意象美学而言，这是对意象群和意象群落的营造。单个意象的创造，在唐诗宋词那里已经到了极致，《红楼梦》之所以开一代之风，很大程度上是将中国人的意象从诗歌融化到小说中，但曹雪芹塑造的不再是单个的意象，而是一个个意象群和意象群落，形成了独特的美学世界。汪曾祺显然意识到单个意象的力量有限，他用通过“集束手榴弹”的方式来创造新的意象体，寻找最大的审美空间。

汪曾祺对语言的探索也是功劳卓著，他把现代汉语的韵律美、形态美几乎发挥到极致。他刻意融合小说、散文、诗歌文体之间的界限，从而营造一个更加让读者赏心悦目的语言世界。语言在他手里像魔术师的道具一样，千姿百态，摇曳多姿，神出鬼没，浑然天成。水的流动，水的空灵，水的无限，在他的作品中得到最好的诠释。

汪曾祺以水为美，以水为师，在水的意象之后隐藏着他的文学观——滋润。他在《蒲桥集》再版后记中说："喧嚣扰攘的生活使大家的心情变得浮躁，很疲劳，活得很累，他们需要休息，'民亦劳止，迄可小休',需要安慰，需要一点清凉，一点宁静，或者像我们以前说的那样，需要'滋润'。"汪曾祺先生确实实现了他抒情人道主义的美学思想，他的作品是滋润的，他去世多年，作品至今仍在滋润着一代又一代的心灵。

2013年6月10日于润民居

再论朦胧诗的价值

对很多事物的认识需要时间，时间最公正，时间能抹平很多的东西，时间也能让很多的事物显现出来。多年之后，我们再来看待朦胧诗的价值和意义，或许会客观些，或许会准确些。关注、研究朦胧诗，是我多年来的一个兴趣和课题，这课题缠绕了我近三十年。从1979年第一次在《诗刊》读到北岛的《回答》开始，我就悄悄地抄写朦胧诗，抄了满满一大本，1985年秋天，我对抄写在笔记本上的北岛诗歌进行研究，写出诗人论《历史·瞬间·人——论北岛的诗》，没想到在《文学评论》上发表。这首先要感谢《文学评论》的编辑邢少涛先生，当时王中忱（现清华大学中文系教授）任《中国》杂志的编辑部主任，想组一篇关于北岛的评论。他正在扬州开现代文学年会，丁帆先生主动向王中忱推荐我的《历史·瞬间·人——论北岛的诗》，便要我从高邮赶到扬州将稿件交给王中忱。《中国》当时以新锐和泼辣著称，我赶到扬州后，没想到王中忱不在房间，和他同住一屋的《文学评论》的编辑邢少涛，和我聊了一会儿，很感兴趣，就开始看我的稿子。看完之后悄悄跟我说，王干，你把这篇文章给我们吧。说实在的，我当时感到很惊讶，因为当时的《中国》思想比较解放，而《文学评论》学术性更强些，加之我是无名之辈，压根儿就没想到把这篇文章投给《文学评论》。邢少涛鼓励我说，他觉得很好，回去推荐给老杨，如果《文学评论》用了，他和王中忱打招呼。邢少涛在《文学评论》分管现代文学，老杨是《文学评论》分管当代文学的杨世伟，也是一位学识好、敬业精神强的优秀编辑。

稿件寄出之后（从上文看，是交，不是寄），很快收到了杨世伟先生的信，他说稿件要用，这让我欣喜若狂。很快又收到了邢少涛寄来的一套《今天》，那天聊天时，我说到研究朦胧诗资料匮乏，连《今天》什么样子都没见过，就拐弯抹角地研究朦胧诗。邢少涛说他的同学那边有一套《今天》，看看能不能借给你用一用。收到那套《今天》，我如获至宝，研究的热情高涨，从北岛出发，对整个朦胧诗进行了阐释和解读。《文学评论》也在1986年、1987年、1988年先后发表了《历史·瞬间·人——论北岛的诗》、《辉煌的生命空间——论杨炼的组诗》、《时空的切合：意象的蒙太奇和瞬间隐寓》三篇诗歌论文，而《文学评论》之前很少发表诗歌评论，连续三年发表一个人的诗歌评论还是第一次。当时我集中精力对朦胧诗进行系列研究，想出一本专著，在写好十二篇综述性的评论之后，准备对北岛、舒婷、顾城、江河、杨炼五个代表诗人进行个案分析，但后来我被借调到《文艺报》工作，研究计划中断，"诗人论"只写了北岛、顾城、杨炼三人，舒婷和江河的提纲也拟好，之后我又从《文艺报》调到南京《钟山》杂志工作，我的兴趣也转到对当时风起云涌的先锋派小说的跟踪与研究上去了。诗歌评论和研究被放在了一边，直到去年四川汶川"5·12"地震，我又重新写作诗评，《在废墟上矗立的诗歌纪念碑——论5·12诗潮》，此文发表后，被近十家报刊转载。当时很多人奇怪，你怎么在这么短的时间内，能够写出这样好的文章来，其实我调用的资源全是我研究朦胧诗的成果。只不过地震面对的是物质废墟，而朦胧诗面对的是"文革"十年造成的精神废墟，但诗中人的呼唤和人道的力量是一脉相通的。也就在写作《在废墟上矗立的诗歌纪念碑——论5·12诗潮》一文时，让我重新认识到朦胧诗的价值，也意识到当时中断研究的遗憾。现在将它们重新集结，不仅是回顾历史，也是为了呈现朦胧诗的固有价值和有待发现的价值。

原本想撰文从今天的角度来重新审视或确认朦胧诗的价值和意义，因为当时囿于历史的局限和资料的局限，有些地方难免稚嫩，有时热情强于分析，再一个就是没有能够在更广阔的领域来认识这样独特的废墟之花。因为出书在即，不容我从容道来，这篇原本当作绪论或前言的文字就用后记的方式出现了，我先将我的主要观点罗列如下，容时间充足，详细论说。

一．朦胧诗作为20世纪中国独特的精神文化现象，它折射出来的不仅是一代青年的迷惘、思考、觉醒和反抗，还深刻地昭示未来中国文学的精神路径。朦胧诗在当时的价值形态上和"伤痕文学"有某种相似之处，但它所揭示的"伤痕"不是那些具体的表面的伤痕，而是精神的创伤和灵魂的损毁。精神的创伤和灵魂的损毁不像表面的伤痕那么具象那么完好，它是抽象的，又是碎片化的，因而朦胧诗和传统的诗歌相比，显得晦涩，显得不完整。读者喜欢它的原因，是因为它契合了读者内心的某种情绪和思想指向，读者认为读不懂的原因，也在于它的欲说又止，这个"止"不是诗人故意的，而是诗人自然而然的止，因为诗人可能意识到、想象到，但不能也不需清晰的表达出来。当然，这里面也有一个环境的局限，比如当时潘晓是和朦胧诗人密切接触的，她的那篇《人生的路为什么越走越窄》是文革后期很多年轻人的一种心声，但诗歌不能这么直白，诗歌需要很多的意象来诉说，来表达。朦胧诗后期失去魅力，就在于很多的情绪不需要掩饰着表达，很多的思考不需要象征化地转述，思想大解放，情绪自由的表达，再朦胧就没有意思，就有些做秀了。所以，崔健、王朔开始取代朦胧诗人的位置，崔健的歌在精神上是朦胧诗反抗精神的延续，但直白得多，也口语得多。朦胧诗的一个特点，就是高度的书面化，这是意象的需要，也是造成朦胧的根本原因。而崔健的嚎叫，也意味着精神生态的好转，年轻一代可以自由地直接地发出心声。到王朔的时候，迷惘已经不是时尚，嘲笑迷惘成为时尚。王朔大量的口语，是对朦胧诗极大的消解。这种消解，比于坚、韩东、伊沙等人的口语派诗歌要有杀伤力得多。朦胧诗的语境是和启蒙、知识、文化、民主、真理这些80年代的大词联系在一起的，也起过非常重要的作用。作为20世纪80年代初的文学启蒙和文学反思，它起过的作用超过当时的“伤痕文学”和“反思文学”，它对年轻人的影响直至“新时期文学”终结。

二．朦胧诗之所以影响深远，不仅在诗歌界，而且影响了后来的“现代派”思潮和“先锋文学”思潮。都说诗歌觉醒得最早，至少朦胧诗对新时期文学的影响是带有某种先知性的。当“伤痕文学”仍在计较“文革”对人民的具体伤害时，朦胧诗将文革废墟对人的精神的磨难用非常唯美的方式进行呈现和解剖，在语言上也与十七年的诗风隔膜深远。朦胧诗是当代中国文学现代派的排头兵，也是先锋派文学的先行者。1982年，当高行健、李陀、王蒙等人在热切讨论“现代派”时，朦胧诗的诗人已经完成了对现代派的转化，并创造出中国特色的现代诗歌，其中一些篇章甚至带有后现代的浓重色彩。比如顾城的《一代人》“黑夜给我黑色的眼睛，我却用它寻找光明”等等，而北岛最早的中篇小说《波动》也尝试小说的新写法。当然朦胧诗的美学成果后来被先锋派小说家大量用到了先锋小说的创作之中，苏童、格非、孙甘露、北村等人原先就是写作诗歌出身的，而在他们的小说之中涌动那股汹涌的意象之流虽然不能说直接发源于朦胧诗，但至少朦胧诗在为读者对这种新的小说美学的接受做了铺垫工作。王蒙的《杂色》、莫言的《红高粱》、苏童的《罂粟之家》、格非的《青黄》、孙甘露的《访问梦境》都是可以当作朦胧诗来欣赏把玩的。当“诗化”小说成为80年代的一支异趣横生的小说溪流，不难看到朦胧诗的影子在晃动。朦胧诗的影响不仅在文学界，对整个艺术界都发生过作用。《今天》本是一本诗画合刊的民间刊物，对美术界的新潮运动也有直接影响。第五代导演陈凯歌、张艺谋等人早期的作品《一个和八个》、《黄土地》、《红高粱》中，那种对视觉冲击力的狂热追求，可以看做是意象美学的电影尝试。而先锋话剧、先锋音乐也和朦胧诗息息相关。

三．朦胧诗在拓展汉语的写作空间，在推动中国当代文学走向世界方面也有着不可替代的作用。朦胧诗的一个巨大贡献就是拓展了现代汉语写作的空间，挖掘了现代汉语写作的潜力。朦胧诗虽然受到了西方现代派文学的巨大影响，但在20世纪80年代它在纵向方面连接了五四以来的现代主义诗歌运动，同时也为戴望舒、李金发、穆旦、绿原等诗人的作品重新传播提供了好的河床。80年代的诗歌热，让大量现代诗的重新问世，比如《九叶集》的出版，使得尘封多年的诗人在新的时代重新获得生命力。朦胧诗的贡献还在于让中国诗歌引起了世界的刮目相看，瑞典皇家学院评委马悦然对朦胧诗歌的热情推介，和朦胧诗人的密切接触，让诺贝尔文学奖开始关注中国诗歌。以前瑞典皇家学院只是对中国的小说家鲁迅、老舍、沈从文等小说家表示过兴趣，但对中国诗歌的热情还是从朦胧诗人开始的，我们不排除这中间可能含有意识形态的元素。随着中国的国门对世界的不断敞开，中国的政治越来越趋向对世界认同时，北岛等人的被反复提名，不仅是对朦胧诗人的尊重，也是对中国汉语的尊重，同时也是对中国这个新兴国家的尊重。虽然朦胧诗不见得是当下中国最好的文学，但至少他们开始让世界了解中国诗歌，了解中国文学。事实上，继朦胧诗人之后，莫言、李锐、王蒙等人多次引起瑞典皇家学院评委们的关注，说明中国文学在世界地位的提高。诺贝尔文学奖未必完全理解中国当代文学，但借助诺贝尔文学奖让世界更快捷地了解中国、了解中国文学可能是现在最好的选择。

四．朦胧诗自身的缺点也非常明显，前面我也说过，“朦胧诗后期失去魅力，就在于很多的情绪不需要掩饰着表达，很多的思考不需要象征化地转述，思想大解放，情绪自由的表达，再朦胧也没有意思，就有些做秀了”。朦胧诗在追求象征、在营造意象群时，强化了语言的密度和抽象性，但当诗人内心的冲动淡化时，当诗人情绪被稀释了，当诗人的迷惘被理性完全控制住，朦胧诗的朦胧可能就是为了朦胧而朦胧，为了抽象而抽象，为了象征而象征，语言也好，意象也好，象征也好，都因在内心深处的那股泉涌而具有生命力。如果泉枯了，所有外在的装饰和技艺都显得苍白和做作。朦胧诗的后期常常为这种装饰的苍白而困扰，至于有意去向西方展示中国的“特色”就更让诗歌陷入某种形式的框架。在这样的意义上，朦胧诗在80年代后期的终结，是自然的，是艺术运动的规律所致。

2009、10、31凌晨于润民居

青春小说的滥觞

——关于《桑园留念》

1. 率先在民间刊物亮相

《桑园留念》不是苏童的第一篇小说，但确实是苏童的处女作。处女作是一个很奇怪的名字，我们以前经常听到关于处女作的神话。比如王安忆的母亲茹志娟当年的处女作《百合花》就是被茅盾先生发现后，一举成名的。处女作其实就是成名作，不是写作的第一篇文字，也不是发表的第一篇作品。“发表”，这个概念，在现在已经显得有些不合时宜了，因为在以前发表就是要变成铅字，也就是要变成印刷品。而印刷品在过去是一个意识形态的概念，因而印刷厂是作为特种行业的，甚至当时的文字誊印社也是在公安局备案的。“手抄本”的出现，正是基于印刷品的严格控制。所以，在电脑出现以前，“发表”还是一个伟大的神话。电脑出现以后，出书的神话就被打破了，因为打印机伴随电脑构成了一个微型印刷厂。而网络出现以后，发表不再是神话，无数的网站就是无数的出版社，网上的自由发表推进了言论自由的进程。而博客的出现，不是发表自由的问题了，而是每个博客都可以经营成一家报刊甚至出版社。

我认识苏童的时候，是1986年的初夏，当时他已经发表了自己的第一篇小说《第九个是铜像》，还获得了当年度《青春》奖，在此之前作为北师大学生的他还在《飞天》上发表过诗歌。记得当时我提起《第九个是铜像》时，苏童很不好意思，说写得很差，最近写的几篇不错。他说到了《桑园留念》，他有些愤愤不平，这么好的小说没有刊物发，还是《他们》识货，用了。

《他们》，是1985年创办于南京的民间文学刊物。《他们》由韩东主持，以诗歌为主，是中国口语派诗歌的大本营。但《他们》的创刊号，发表了后来声名大震的马原的《拉萨河女神》和苏童的《桑园留念》，当时苏童署名“阿童”。

《桑园留念》写于1984年的夏天，1985年率先在民间刊物亮相，到正式在

《北京文学》上发表时，已经是1988年的2月，他已经25岁，距他写作《桑园留念》时的21岁已经四年，他已经发表了《飞越我的枫杨树故乡》和《1934年的逃亡》等名震遐迩的先锋小说。

虽然《桑园留念》迟于其他小说的发表，但并不影响《桑园留念》作为苏童处女作的意义，一方面它是苏童小说的开山之作，同时也是苏童第一次使用“苏童”这个笔名发表作品。更重要的是它昭示了苏童后来小说的发展脉络，而且在近三十年的小说史上，特别是率先开创了青春小说的新路径，给70后、80后的文学“撒野”作了一个漫不经心的有力铺垫。

2. 对双重宏大叙事的逃逸

在苏童早期小说里，有一个重要的意象就是逃逸，这种逃逸是小说主人公的下意识动作。《乘滑轮车远去》是逃逸，《1934年的逃亡》更是明明白白把主题刻在题目上。短篇小说《逃》更是直白。这种逃逸的思想主题自然出自作家的创作状态。当时的文学创作其实受两股思潮的裹挟，一是官方倡导的改革文学，这是意识形态下的文学运作，另一方面，一些崭露头角的文学新贵们倡导的文化寻根运动，这种仿文化人类学的写作，虽然对强化小说的文化性内涵有促进作用，但由于以一种宏大的运动的方式进行，其实也是另外一种意识形态的运作。

面对这样一种双重的宏大叙事，很多作家进退维谷，或多或少地被裹挟进去，丧失了独立的文学品格，因而随着这些潮流的烟消云散，其作品也被淹没在茫茫背景中。苏童没有受到这些潮流的诱惑和鼓动，他冷静地逃逸到这两大潮流之外。苏童选择的其实是后来被称之为个人化的叙述，这个人化的叙述，其实是对宏大叙事的反动。宏大叙事长期以来一直是中国当代文学的唯一叙事腔调，文学本来是具有宏大叙事功能的，可如果把宏大叙事作为文学的唯一方式和唯一功能，就违反了文学的基本规律。鲁迅那么宏大的作家，他也必须有《伤逝》和《野草》那样的小叙事，才能成为一个内容丰富的文学大师，而不只是会听先驱命的投枪手。

剥离宏大叙事的衣胞是艰难的。当年提出寻根的新贵和新秀显然有感于原有的那套叙事模式不能适应新的历史时期的需要，但他们身上的天然的宏大叙事的血液传统让他们只能在宏大叙事的圈圈里打转转。虽然关于文化、人类和生命的思想是非常重要的文学母题，但在他们宏大叙事的使命感和任务感面前，变成了更新话语的工具，而没有成为文学的肌肤和内在需求。

值得的注意的是，《桑园留念》用的是第一人称“我”进行叙述，第一人称叙述并不是什么新鲜玩意儿，但这个“我”用一些正统的理论家的话语来说，是个“小我”。所谓“小我”，其实是脱离主流意识形态的个人化叙述，和强调国家、民族的宏大叙事是截然不同的，“我”的悲欢苦乐是远离这些国家和民族的背景的。苏童之后在相当一段时间内，短篇小说几乎全部使用的是以“我”为主体的第一人称叙述视角，包括后来的中篇小说《1934年的逃亡》也是以个人的视角来叙述遥远的历史。在《罂粟之家》和《妻妾成群》里虽然使用沉草和颂莲的第三人称视角，但仍然是那个“我”在叙述，个人化的叙述屏蔽了历史的宏大叙事。

因而，《桑园留念》展现给我们的是一片脱离了当时意识形态和文化寻根樊篱的一片新的土地。这篇小说里，出现的那个十五岁的少年“我”，是非意识形态的，也不是作为文化人类学的代言人，“我”几乎是一片海德格尔说的“澄明”状态，只是一位懵懵懂懂的少年。这位少年处于青春萌动期，对很多的事情感兴趣，对很多的事情也不了解。作家当时其实也是一个青年，但用追忆的方式来回叙自己青春成长的“桑园”。小说的时代甚至是模糊的，模糊到当代既不像改革文学的背景有那么强的纪实性，也不像某些寻根小说将背景推及到遥远的未知年代。没有政治的喧嚣，也没有文化的强行刻录，叙述的只是少年时代的一段青春情事，或者是少年对青春的初步理解和向往。“我”这一点点的琐事实在是小，也实在是“琐”，虽然算不上委琐，但小事见不出“大”，不像鲁迅的《一件小事》能见出车夫的伟大和“我”皮袍下面的“小”来。丹玉、肖弟、毛头、辛辛和我之间的那点事情最多是年轻人的胡闹，或胡闹出来的准小流氓行径而已。

但《桑园留念》无疑是一份青春岁月的另类记录。后来苏童写过《刺青时代》，王朔写过《动物凶猛》，姜文拍过《阳光灿烂的日子》，其实都是同一主题，就是写不正常青春的不正常生长，但这种生长又带着青春强烈的本质特征。骚动不安，热血沸腾，而目标模糊。《桑园留念》写的是“我”的青春成长过程，但“我”的这种成长过程是在参照别人生活的基础上成长起来的。小说写了三男两女五个人物：男青年肖弟、毛头18岁，“我”15岁，女青年丹玉、辛辛应该在十八岁左右。男青年肖弟力气大，是这帮不良青年里的老大，毛头和我是他的追随者，女青年丹玉，长一双勾人的眼睛，成熟，富有性感，是这些众多男青年的梦中情人，是肖弟的女朋友或性伙伴。“我”在小说里是一个偷窥者，一个无知少年对成人世界的向往，同时也是一个模仿者，“我”在偷窥丹玉和肖弟的情事，又暗恋着丹玉，同时在生活里又悄悄模仿他俩，他企图让邻居女孩辛辛成为他的丹玉，但辛辛不解风情，多年之后“我”看着怀孕的辛辛颇多伤感，而辛辛毫无感觉，青春的初恋就这样沦为俗事。另一方面，肖弟的女友丹玉却被他的兄弟毛头深爱着，最终毛头和丹玉死在一起（死因不明，但两人抱在一起）。一群青少年在经历了糊里糊涂的恋爱和情事以后，作鸟兽散，相爱的则长眠于地下。多年之后“我”在当年的石拱桥上，看到有人刻下了毛头和丹玉的名字，算作他俩爱情的纪念，也是“我”走向青春岁月的见证。

这样一份关于少年青春的记录，由于是用后来者的口气叙述，颇有几分伤感和忧伤，当然也有几分的无奈和调侃。爱情、死亡、暴力、性事以及兄弟这些在以后的青春小说里大量出现的关键意象在这短短的小说里铺垫充分，而作为小说的最高潮以及读者最想看的部分（丹玉之死）却被冷冷忽略。这种忽略不仅说明苏童对短篇小说的三昧了然于心，也说明他一出手就站在艺术的制高点上，来俯瞰文学的来龙去脉。

苏童对宏大叙事的逃逸或打破，是通过第一人称“我”的叙述来实现的。当然这个“我”是一个旁观者又是一个当事人，他见证他人的青春岁月，也在见证中泄露出自己毛茸茸青春之树的悄然生长。对于少年青春萌动的描写，显然不是宏大的主题，但却是人成长的主题，是人性的生成的部分。小说虽然那么文化人类和意识形态，但却是以人为本，记录人的生命年轮。这也是文学最重要的主题之一。

3．价值和影响

《桑园留念》写于1984年，发表于1988年，历经四五年时间，最终成为苏童的代表作之一。但《桑园留念》刚一出刊，无论是在民间刊物上还是正式刊物上，就受到人们的喜爱。这种喜爱，有来自读者的，也同时来自文学圈内人士。这说明《桑园留念》不是速朽的作品，要不然怎会搁了四五年发表，还会让人们津津乐道。至今谈起苏童，人们还会记得他的《桑园留念》和《妻妾成群》。没有被人们忘记的作品，虽然不一定是经典，但肯定是产生过影响的。对《桑园留念》而言，它的影响自然不如那些获得过殊荣的短篇小说大，更多的人了解苏童还是通过他的小说《妻妾成群》被改编成电影《大红灯笼高高挂》之后。但《桑园留念》的意义未被充分挖掘和认识。

《桑园留念》对苏童而言，像一把钥匙开启了苏童小说创作的新天地，也像阿里巴巴的咒语一样打开了他的文学资源的宝库。如果我们回过头来回顾一下苏童的小说，发现《桑园留念》仿佛是他小说的一个创作提纲或者一个意象化的前言似的，囊括了他以后的很多小说内容和框架。他在《桑园留念》里使用的那个愣头青“我”在相当一短时间内成为他叙述的一个标牌。在内容上，《桑园留念》也不断被扩展延伸，中篇小说《刺青时代》可以说是《桑园留念》的扩大版，而长篇小说《城北地带》里的很多痕迹也来自于《桑园留念》，在《桑园留念》中那个窥视的视角在《大红灯笼高高挂》里被发挥到极致和完美。《桑园留念》里的很多意象和细节被敷衍衍生出不少优美的佳作：小说中关于舞蹈的陈述后来变成了《伤心的舞蹈》；地名石码头，变成了短篇《石码头》；桂花树也成了另一篇小说的重要意象；小说里出现的我和哥哥的情景，后来也被演绎成中篇小说《黑脸家林》；至于小说里的那个城市，那个石拱桥，则变成了那条文学史上著名的香椿树街了。苏童在《桑园留念》里找到了自己，也由此作为蓝图开始了属于他自己的艺术王国的塑造。

在《桑园留念》里苏童找到了一种话语，这种话语姑且称之为“软象征”叙述，之前我曾经笼而统之概括为“意象”（拙作《苏童意象》）。现在看来，意象的概括虽然清晰，但不如“软象征”更具体。软象征是对象征主义话语的合理改进和创造。象征主义在80年代文学被视为文学的宝塔尖，但象征主义话语如果被简单粗暴的使用，不仅造成阅读的晦涩，也造成文学的枯燥化。象征，是要造成隔离效果，但象征不是主题和人物的数字化和抽象化，曾经有人把人物的名字用符号来取代，这是对象征的粗浅的理解。小说的象征是建立在叙述的基础上，也是建立在人物和细节的基础上。当时张承志有一篇中篇小说叫《北方的河》，就是这种强硬性象征话语的代表作。高行健的话剧《绝对信号》和《车站》也是这种硬性象征的代表作。

《桑园留念》的软象征表现在叙述时，作家的话语指向在描述现实的同时，也产生了另外的潜指功能，能指和所指之间产生了微妙的重合。而不像纯粹的象征主义话语中，叙述只是象征的奴隶，叙述本身的价值游离在小说之外，叙述获取的只是符号价值。软象征跨越了能指和所指之间的鸿沟，叙述是写实，也是象征。在《桑园留念》中，桑园是地名，是实指，但也是青春岁月的隐喻。丹玉，是人名，也是青春的符号。这种软象征的叙述手法其实在《红楼梦》里就有运用，但由于被索隐派机械地索隐，作为叙述的象征精神反而被淹没了。

苏童这种有弹性的带有软象征风味的叙事话语，不仅奠定了他小说的坚实基石，让他的小说有了强烈的个人化标志，成为30年来文学的一道靓丽风景。同时这种绚丽而平实的艺术话语，对同时代以及后来的小说写作者也是启迪和参照，鲁羊、毕飞宇、李冯、吴玄、安妮宝贝等又在此基础上进行了各自的补充和丰富，形成了软象征的小说流派。特别是安妮宝贝的意象化写作更加细腻和女性化，在苏童忽略处挖掘，在苏童简单处丰富，在苏童开辟的隧道里继续深入，因而形成了独特的女性青春小说的忧郁美学。而80后的青春叛逆小说，也能在《桑园留念》里见到端倪。

在我写完了这篇文章之后，我和他通了个电话，我说《广州文艺》要选30年的短篇经典，你觉得你哪篇好？他说了好几篇，都不错。当我告诉他，我选的是《桑园留念》时，他好像有些意外：

“也不错，但有些青涩”。

是，有些青涩。《桑园留念》正是青涩之典。

2008年10月12日完稿于怀柔观山居

14日修改于杭州天鸿饭店

当代的“床前明月光”

——余光中《乡愁》赏析

海峡两岸关系的松动居然是从文学开始的。

这是很多人没有想到的。我也没有想到，在新浪谈“共和国文本”之一余光中的《乡愁》时，我突然想到了这一点。而且发现，率先提出“三通”的居然是现代派诗人余光中。

台湾的文学进入大陆，不知道是谁开的禁，这个禁开得好！琼瑶阿姨的小说滋润了多少人，台湾的文学一度曾经成为大陆的畅销读物，以至当时有一本刊物叫《港台文学选刊》，现在好像也不见了。

我最早接触到台湾的文学，好像是诗歌，当时流沙河先生在《星星》开专栏，题目好像叫台湾现代诗人12家。确实是开启了一扇新的窗户。是啊，文学无国界，外国的文学作品可以翻译过来，和我们同根同祖的台湾文学为什么不能看呢？何况还不要翻译呢？

文学促动了海峡两岸关系的解冻，我们都记得当初读琼瑶、三毛、席慕蓉、白先勇、古龙的喜悦心情。他们让我们了解了台湾，也让我们了解了海峡那边中国人的生活和情感，也知道我们在这头，他们在那头，血脉相连，割舍不断。

余光中写的是乡愁。愁是文学作品最喜欢描写的，中国古人描写愁产生了很多的警句，辛弃疾的“少年不识愁滋味，独上高楼，为赋新诗强说愁。如今识透愁滋味，欲说还休，却道天凉好个秋。”李煜那首“问君能有几多愁，恰似一江春水向东流”。近人戴望舒也喜欢写愁，尤其爱写乡愁，也留下了不少的乡愁，比如《我的怀乡病》。当然乡愁的最高境界还是李白的那首《静夜思》“床前明月光，疑是地上霜，举头望明月，低头思故乡。”了了二十字，宏阔大境界。

余光中是台湾现代诗的代表人物，但这首《乡愁》却非常古典，或者说是将新诗古典化的成功尝试，季羡林先生说新诗写作，迄无成功，我个人认为，

《乡愁》属于新诗的成功之作。全篇只有88个汉字，但意境开阔，韵味隽永，广为流传，堪称当代的“床前明月光”。

乡愁是诗人最爱写的，也是最难写的，因为“崔颢题诗在上头”，名篇太多，难以超越。余光中的《乡愁》之所以成为名篇，不仅在于他使用了意象化的手段，因为意象化的手法在50年代也算不上新鲜的玩意儿。他使用了意象群来表达乡愁，像音乐里的回旋一样，反复表达同一个主旨，乡愁是邮票，是船票，是坟墓，是海峡，这些不同的意象反复吟诵着同一个情绪。而且这些意象是不断拓展、延伸、放大的，从邮票到船票再到坟墓，直至海峡，乡愁被放大无数倍，这乡愁也不是一个人的乡愁而是一批人、一群人、一代人的乡愁。由于《乡愁》独特的文字美，很多作曲家，包括王洛宾在内为它谱过曲，但都没有能够广为流传，说明诗歌自身的音乐美难以超越。

乡愁的放大也伴随着诗人的成长，《乡愁》在短短的诗篇里，潜藏着一个成长的主题。从：“小时候”到“长大后”，“到后来”，“到如今”，时间在流逝，“我”也在长大，乡愁在放大，世界也在变大，我与世界的联系方式也在变，从邮票到船票，从坟墓到海峡，天地越来越大。

整个《乡愁》写的是与家乡的“隔”，从希望到失望，再从失望到希望。船票则是交通方式，写到坟墓的时候，情绪是绝望的，而写到海峡的时候，又产生了希望。乡愁原来是通的，到了坟墓的时候，就断了。小时候求学在外，邮票是通讯方式，乡愁是通的，靠写信来消除这“隔”，邮票承载的是乡愁，送达的是乡愁。到船票的时候，我已经长大成人，成家立业，结婚了，但两地分居，乡愁转化为对妻子的思念。船票是交通的方式，这个时候，乡愁依然是能化解的，通过船票就能夫妻相见。但到母亲去世的时候，乡愁变成生死之隔，变成了坟墓。诗人是绝望的，“你在里头，我在外头”，不可以通话。一个世界与另一个世界难以对话，生与死如此相近又如此遥远，乡愁变得不可以对话，不可以化解了，诗人情绪带有绝望。但到了乡愁变成“浅浅的海峡”的时候，虽然距离更为遥远，但只是“浅浅的”，其实台湾海峡在地质层面上是非常深的，余光中觉得“浅浅”，是因为他相信终有一天，会有一张船票能够让他跨越这宽阔的海峡，回到大陆的怀抱。诗人对未来充满的希望。

《乡愁》写了对“三通”的渴望，邮票是对通邮的渴望，船票是对通航的希望。早在上个世纪50年代，诗人就提出近乎后来“三通”的希望，代表了人民的心声。这首诗，被两岸的中学教材选进去了，说明统一是两岸人民的心声，同时也说明优秀的文学作品能够超越阶级、民族、政治、历史的局限。

在《乡愁》这首诗里，乡愁的意象是变化的，“我”面对对象，前三次都是女性，母亲和新婚的妻子虽然是具象，但实际并不具体，可以泛指，指代所有的母亲和妻子，最后的大陆和海峡却是特指，专指台湾海峡和中国大陆，其实如果用我们习惯的政治话语就是：祖国，我的母亲。或许有人会提出来，这第二节不是说的新娘吗？其实早在上个世纪20年代郭沫若在《炉中煤》里就把祖国比作年轻的女郎，恋人，“我为你燃烧成这模样”。把祖国比作恋人和女性，是现代诗歌常用的手段，余光中巧妙的将对祖国的思念融化到乡愁这样一个意象中。乡愁无国界，无党界，无阶级界，无民族界，无历史界，只有世界。

9月27日改于小街

附：

《乡愁》 余光中

小时候/乡愁是一枚小小的邮票/我在这头/母亲在那头；
长大后/乡愁是一张窄窄的船票/我在这头/新娘在那头；
后来呵/乡愁是一方矮矮的坟墓/我在外头/母亲在里头；
而现在/乡愁是一湾浅浅的海峡/我在这头/大陆在那头。

图书在版编目（CIP）数据

王干最新文论选 / 王干著. -- 贵阳 : 贵州人民出版社, 2013.12

ISBN 978-7-221-11568-3

Ⅰ. ①王… Ⅱ. ①王… Ⅲ. ①文艺评论－中国－当代－文集 Ⅳ. ①I206.7-53

中国版本图书馆CIP数据核字(2013)第297115号

王干最新文论选

王干 著

责任编辑：陈 荣　黄 冰

装帧设计：鸟 衣

社　　址：贵阳市中华北路289号（邮编：550004）

印　　刷：贵州兴隆印务有限责任公司

开　　本：787×1092mm　16开

印　　张：10

字　　数：150千字

版　　次：2013年12月第1版

印　　次：2013年12月第1次印刷

书　　号：ISBN 978-7-221-11568-3

定　　价：32.00元